JN092775

情報メディアの活用

高鍬裕樹・田嶋知宏

（新訂）情報メディアの活用（'22）

©2022　高鍬裕樹・田嶋知宏

装丁・ブックデザイン：畑中　猛

m-22

まえがき

　『情報メディアの活用』というタイトルの書籍，あるいは放送教材に，人は何を期待するであろうか。本書は，司書教諭の資格科目のためのものである。司書教諭は学校図書館に関わって仕事をする立場であり，その意味で本書での「情報メディア」は，学校図書館で，児童生徒や教員に対して提供されるものを指すと期待するのが当然と思われる。旧来の考え方ならば，この「情報メディア」ということばで想起されるものは「コンテンツ」，あるいは「著作物」と言い換えられるであろう。司書教諭は学校図書館に関わる職種であるため，学校図書館に存在する，あるいは配置すべき資料としての「情報メディア」＝「コンテンツ」をどのように活用するかを伝えるのが，本来の「情報メディアの活用」であろうと思われる。

　この「コンテンツ」は単に紙の上に印刷されたものにとどまらず，音声や動画，PCで扱うマルチメディアや検索コンテンツ，さらには模型等の実物資料を含めて考えるべきものではある。それでも，その「情報メディア」を活用する者に何らかの情報を与えるものが，「情報メディア」として想起されるものであろう。そのような「情報メディア」に言及する章として，本書では「日常生活と学校にみる情報メディア活用の差と課題」（第2章）や「多様化する情報メディアと選択方法」（第4章），「文献情報などの収集法」（第5章）を用意している。あるいはそれらを活用する際の心構えとしての「情報モラル・情報セキュリティに関わる諸課題」（第12章）があり，これらは「情報メディア」を「コンテンツ」として把握するものである。

　この意味での「情報メディアの活用」からすれば，本書でいう「情報

4

メディア」は，さらに意味を広くとっている。たとえば，新聞紙という「情報メディア」を，野菜を包むことに使うとき，それは「情報メディアの活用」に入るのか。音楽用CDという「情報メディア」を，そのコンテンツの活用という意味にとどまらず，カラス除けに「活用」することは「情報メディアの活用」に入るのか。「情報メディア」を「コンテンツ」と「コンテンツの入れ物」に分けるとき，記録されたテキストや音声，動画等は，「コンテンツ」に入る。学校図書館でこれらを「活用」することは，間違いなく司書教諭に求められることである。一方で，新聞紙や音楽用CD，PCやタブレット端末は「コンテンツの入れ物」であり，コンテンツの活用を伴わないこれらの「活用」までが，司書教諭の資格科目として必要な内容とは通常いえない。

　しかしながらこの「情報メディアの活用」では，「コンテンツの入れ物」としての「情報メディア」の活用まで含めて，「情報メディアの活用」としている。すなわち，PCやタブレット端末をどのように「活用」できるか，という内容をふんだんに入れている。「発想法」としてPCなどの機器を用いて構想を練り（第7章），機器を用いて効率的にテキストを入力し（第9章），機器を用いて動画コンテンツを作成，公開する（第10章）。さらには，学校図書館とは関係の薄い，教育用ソフトウェアの使い方も述べている（第14章）。このような内容は，「コンテンツの入れ物」としての「情報メディアの活用」法である。このような内容を含めているのは，学校図書館が提供するコンテンツの範囲にとどまらず，より広い意味で「情報メディアの活用」をとらえたいという意図による。

　このような考え方は，筆者らの独りよがりなものではない。本書第1章で，1998年に出された文部省（現文部科学省）の「通知」に言及している（p. 12-13）。その「通知」には，「司書教諭の講習科目のねらいと

内容」を記した別紙2がある。そのなかには「情報メディアの活用」の内容として「4. コンピュータの活用」が挙げられ，さらにその下位区分として「教育用ソフトウェアの活用」や「インターネットによる情報検索と発信」が挙がっている。このことから考えると，1998年の時点ですでに「情報メディアの活用」の内容として，単にコンテンツを取り込み自校内で活用することだけでなく，コンテンツの入れ物としてのPCを活用する方法や，情報発信の方法までも「情報メディアの活用」に含まれていると把握できよう。

　奇しくもGIGAスクール構想の中で，学校内に突然大量の「情報メディア」が用意され，活用可能な状態となった。1人1台体制となった情報メディアをどのように活用するかについてノウハウが蓄積されるのはこれからのことであろうが，本書がその一助となることを願っている。

2021年10月

高鍬裕樹

執筆者を代表して

目 次

1 | 教育・学校における情報メディアの活用と学校図書館

田嶋知宏

《目標＆ポイント》 情報メディアの活用という科目がどのようなことを目指す科目であるのかを説明するとともに，そもそも情報メディアとはどのような存在であるのかに立ち返って確認する。そのうえで，教育・学校において，情報メディアがどのように取り入れられ，扱われてきたのかを概観する。

《キーワード》 情報メディアの活用，情報メディア，学校図書館

1. 情報メディアの活用とは

　情報メディアの活用という科目は，学校図書館司書教諭講習科目のひとつとして位置付けられている。このことは，情報メディアの活用が学校図書館やそこで活躍する司書教諭の存在を前提として，捉え，実践すべきものと捉える必要があることを示している。また，学校図書館司書教諭講習について定めている学校図書館法は，その2条で学校図書館について「学校の教育課程の展開に寄与するとともに，児童又は生徒の健全な教養を育成すること」を目的として掲げている。このことから，情報メディアの活用は，教育課程を充実させていくことや児童・生徒の教養を育成していくこと―すなわち情報メディアの活用を教育という営みとつなげて捉えていく必要があることも確認しておきたい。

　では，学校図書館の専門的職務を担う教員としての司書教諭がなぜ情報メディアについて学び，その活用について理解しておく必要があるの

だろうか。

　それを探る手がかりとなるのが1998年3月18日付の文部省初等中等教育局長「学校図書館司書教諭講習規程の一部を改正する省令について（通知）」[1] である。この通知は，1997年6月の学校図書館法の一部改正を受けた学校図書館司書教諭講習規程の一部改正に伴って発出されたものである。通知には，司書教諭の資質向上を図る観点から，1999年4月1日から司書教諭講習の科目内容等を改めることが示されていた。このとき，情報メディアの活用という科目が新たに設けられることになったのである。情報メディアの活用は，旧規程による「図書以外の資料の利用」という科目との読み替えが一定期間（1999年4月1日から2003年3月31日迄）認められていた。この読み替え措置は，図書以外の資料が示すものと情報メディアが示すものとが関連していることを示唆するものといえるだろう。

　ちょうど情報メディアの活用という科目が設けられた時期は，日本の学校にコンピュータ（PC）が配備され，インターネットへの接続が徐々に始まっていく状況にあった。具体的には1994年度から1999年度にかけて，学校種ごとのコンピュータの整備のための地方交付税による財政措置と，続く1998年度からインターネットの通信料やインターネット利用料等のための地方交付税による財政措置の施策にそれが表れている。

　そのような状況で情報メディアの活用という科目は，視聴覚資料のような図書以外の資料という表現では捉えきれないコンピュータを通して活用するCD-ROM等のパッケージ型の電子メディアやインターネットを意識しつつ，扱うべき内容に盛り込んでいったのである。

　同通知には，別紙2として「司書教諭の講習科目のねらいと内容」が添付されている。そこでは，情報メディアの活用で学ぶねらいや取り扱う内容が示されていた。この文書は20年以上前のものではあるが，情報

（別紙２）　司書教諭の講習科目のねらいと内容（一部抜粋）

科目・単位数	ねらい	内容
情報メディアの活用（２単位）	学校図書館における多様な情報メディアの特性と活用方法の理解を図る	1.　高度情報社会と人間（情報メディアの発達と変化を含む） 2.　情報メディアの特性と選択 3.　視聴覚メディアの活用 4.　コンピュータの活用 　・教育用ソフトウェアの活用 　・データベースと情報検索 　・インターネットによる情報検索と発信 5.　学校図書館メディアと著作権

　メディアの活用で司書教諭となる者が学ぶべき方向性として「学校図書館における多様な情報メディアの特性と活用方法の理解を図る」ことを改めて理解する意味でも確認しておきたい。

　ここでいう多様な情報メディアというのは，内容で例示され視聴覚メディア，教育用ソフトウェア，データベース，インターネットに限定されるものだけではない。学校図書館では，使用されることが少なくなった情報メディアを新たに登場した情報メディアへと置き換えて採り入れることも行ってきた。今後も新たな情報メディアが登場し，学校図書館に採り入れられていくことになるはずである。司書教諭として，情報メディアと向き合い，必要に応じて新たに採り入れていくためには，そもそも情報メディアというものがどのような存在であるのかをよく理解しておく必要があるだろう。

2. 情報メディアの活用で扱う「情報」・「メディア」とは

（1）「情報」「メディア」という言葉

　「情報メディアとは何か」と問われれば，その言葉からはっきりと説明できなくとも，情報を与えてくれる存在としての漠然としたイメージを想起させ，わかったような気にさせてくれるかもしれない。情報メディアという言葉を分解してみれば，「情報」と「メディア」を組み合わせた語として捉えることができる。情報や情報の定義について，『図書館情報学用語辞典』において情報を「送り手と受け手の存在を想定したときに，送り手からチャネルやメディアを通じて受け手に伝えられるパターン。図書館情報学では，ブルックス（Bertram Claude Brookes 1910-1991）による『受け手の知識の構造に変化を与えるもの』という定義が広く知られている」とし，メディアを「(1) 情報メディアのこと。(2) 記録媒体のこと。広義にはアナログメディアを含むが，狭義にはコンピュータの外部記憶装置に用いる可搬のデジタル記憶媒体。(3) マスコミのこと。新聞，テレビなどのいわゆるマスコミが1990年代にメディアと呼ばれるようになり，報道や社会学の領域で定着した」[2] としている。2つの説明を組み合わせれば，受け手の知識の構造に変化を与える記録媒体ということになる。

（2）図書館情報学からみた「情報メディア」

　情報メディアの活用という科目が学校図書館に関連することを踏まえて，改めて『図書館情報学用語辞典』[3] で「情報メディア」という用語の定義を確認してみよう。すると次のように説明されている。

　　　人間の情報伝達，コミュニケーションを媒介するもの。情報伝達

に関与するものはきわめて多様なため，さまざまに概念規定が可能である。媒介する物体・装置もしくは技術的特性に焦点を合わせる場合や，単に技術ではなく社会的なシステムであることを強調する場合がある。なお，information media は日本語からの訳語としての使用例が中心で，英語圏ではあまり使われない表現である。

　この定義と表現は異なっているものの，情報とメディアを組み合わせた説明とほぼ同様の捉え方といってよいだろう。

（3）児童・生徒という観点からみた「情報メディア」

　児童生徒の育成という観点から，情報メディアという言葉についての説明を確認してみる。この説明は2007年1月30日中央教育審議会「次代を担う自立した青少年の育成に向けて」（答申）の用語解説[4] において次のように説明されている。

　　映像，音声，文章等の情報を記録，伝達，保管等する際に用いられる媒体，媒体に関する技術，または媒体を運営する主体・事業者等を指す。このうち，特定少数の発信者が不特定多数の受信者に向けて情報を伝達等する形態を「マスメディア」と称し，テレビ，新聞，ラジオ，雑誌等のいわゆる報道機関に加え，出版，映画，音楽業界を含めることもある。「マスメディア」が情報の大量一括送信であることと対比して，個人の発信者が情報を記録，編集，発信等するために用いるものを「パーソナルメディア」と称することがあり，携帯電話が代表的なものである。また，複数の発信者が複数の受信者に向けて情報を伝達等する形態を「ネットワークメディア」と称し，インターネット，電子メール，電子掲示板等が代表的なも

のであるが，電話や郵便を含めることもある。

と説明されている。

　この説明を見れば，情報メディアが児童生徒も含む，われわれの生活に必要不可欠といっても過言ではない存在となっていると考えられる。

　教育という仕組みを考えた場合に，情報メディアと不可分な取り組みであることは容易に想像できよう。知識やスキルの伝達を行うには，何らかの情報メディアを介してしか実現しえないためである。

3.　教育のあゆみと「情報メディア」

　人が学び，知識を獲得するという意味で教育のあゆみを捉えれば，人類の歴史と軌を一にすると言えるだろう。原始的な時期の人類は，生命を維持するための食糧の確保に追われていたことであろう。この時期，狩猟や採集により食料を確保するためのスキルは周りの人を見て模倣し，身につけるような原初的な学びがあったと思われる。もちろん，時には周りの人から身振りや音声で教えられる教育につながる行為も見られたかもしれない。やがて，人類が集住し，農耕を開始し，社会生活を営むようになると組織が形成され，統治も始まっていった。統治をしていくためには，消え去ってしまう音声とは異なった時空を超えて伝えることができる記録するための手段として情報メディアが必要となった。身振りなどを記録化するために絵が描かれ，音声を記録化するために文字が使われ記録が残され始めていった。特に人為的な文字は，模倣や身振りで身につけられる生得的なスキルとは異なっていた。文字は，人によって意図的に使われ始めたことから，その使い方を教えなければならなかった。そこから，読み，書きを教授する教育が始まっていったと考

えられる。

（1）教育における情報メディアの利用の展開

　教育において，情報メディアが活用されていく状況は，メディアの発展に沿うようなかたちで展開していったといえる。

　古代使用された媒体としての情報メディアは，地域や時期によって異なっていたものの，何らかの情報メディアに文字などの記号を記していくものが一般的であった。古代メソポタミアでは，楔形文字を刻むために粘土板が用いられた。古代エジプトでは，ヒエログリフ（聖刻文字）やヒエラティック（神官文字）やデモティック（民衆文字）という文字が使われていた。ヒエログリフは，石などでできた碑文や神殿などに刻まれる際に用いられ，ヒエラティックやデモティックは，カヤツリグサ科の植物から作ったシート状のパピルス（papyrus）や木板，石，陶片などに記す際に用いられていた。パピルスは，英語で紙を示す「paper」の語源になったとされ，代表的な情報メディアであったと考えられる。このパピルスはつなぎ合わせたものを巻物状にして使用していた。

　古代エジプトでは，このパピルスに文字を記す役割を書記が担っていた。書記になるためには，書記学校に通い文字や文章を書写し，そのスキルを身につけたと考えられている。そのスキルの修得には長期間を要したとされ，書記となった者は特権階級の存在と考えられていた。

　その他，古代に使われ始めた情報メディアとしての素材に羊皮紙があった。羊皮紙は，紀元前2世紀頃のペルガモン王国が発祥といわれている。ペルガモンの地名は，英語で羊皮紙を示す「パーチメント（parchment）」の語源となっていることがその象徴とされる。しかし，動物の皮に文字を記す行為はそれ以前から見られたものであり，ペルガモンで羊皮紙というメディアの改良が図られたと捉えたほうがよいだろう。

　こうした情報メディアには，文字が刻まれ，人々の学びに活用された。古代ギリシアのソクラテスは対話術という音声メディアを用いて人びとを教え導いた。その弟子で，『国家』のような著作も残しているプラトンは，アカデメイア学園を創設し音声メディアのみならず，文字メディアも活用した教育実践を行った。

　古代ローマでも，書いては消すことを繰り返すことのできる蝋板のような書写材を使った読み書きを教える家庭教育が行われていた。やがて，図書を活用するような学校教育へと移行していったという。ここでいう図書は現在のわれわれがイメージする印刷された紙の図書とは異なる。当時の図書は，手書きで写されたものであり，その書写材として羊皮紙は，非常に高価であった。このことから，1人1冊の図書を手にするような教育が広く行われることはなかったと思われる。このように古代の情報メディアというのは，粘土板やパピルス，羊皮紙などに記されたものであった。現在，目にするような紙の図書とは形が大きく異なっていたのである。

　古代アジアのなかでも，中国では，竹簡や木簡とともに発掘などの成果から紀元前2世紀頃には紙が使われていたことが明らかになっている。その後，紀元105年に後漢の蔡倫が改良した紙を皇帝へ献上している。この紙は，その製造法とともに，7世紀頃に日本へ，8世紀頃イスラム世界へ伝播していく。イスラム世界を経由してヨーロッパに伝えられたのは12世紀頃とされている。

　ヨーロッパでは，15世紀半ばにドイツのヨハネス・グーテンベルクの改良した印刷術により，活字による印刷物の普及が進んでいく。それは，学びのための情報メディアにも影響を与えていった。

　1440年頃から，イギリスでは，ホーンブック（hornbook）と呼ばれる読み方を学ぶための教材が登場した。ホーンブックは，アルファベッ

トや数字，聖書の一節などが書かれた羊皮紙や印刷された紙を持ち手の付いた木の板に張り付け薄くスライスした鹿の角（ホーン）でカバーしたことに由来する呼び名である。実際には，木以外にも金属，象牙，皮などが用いられたり，木の板に直接文字が書かれたりすることもあった。1746年頃には，安価な板や厚紙に印刷され，ニスなどで保護されたたバトルドアと呼ばれるものが登場する。厚紙は折りたためるようになり，文字だけではなく，絵入りのものも作られるようになった。

　そうしたなかで，現在の教科書につながるような情報メディアも登場した。1658年にドイツのニュルンベルクにおいて，チェコ出身のコメニウスによって出版された『世界図絵』は，子どもを対象にした挿絵入りの教科書の先駆けといわれている。コメニウスは，子どもは言葉を学ぶ前に，自身の五感を使って物事を観察する必要があると考えており，それが視覚的な教材へと結びついたのであった。

　15，16世紀のヨーロッパでは，低年齢の子どもたちに向けた学校の整備も見られるようになり，図書を使って単語を覚えたり，図書を流暢に読んだりするような情報メディアを活用した教育活動が取り組まれていた。その後，17世紀になると公教育制度の誕生とともに，効率的な教育活動を目指す近代的な教育システムの整備が進められた。子どもたちは決められた時間に，決められた教科書という情報メディアで一斉に同じ内容を学ぶ授業が一般化していった。こうした教科書を活用するスタイルの授業は現在まで続いている。

（2）日本の教育における情報メディアの活用

　日本では，古代から大陸からもたらされた漢籍などの図書を用いた教育が，貴族を中心に見られた。中世には，武士を中心に寺院で文章例をまとめた往来物を活用した教育が見られるようになっていく。往来物

は，社会生活を営むうえで必要となる知識を盛り込んでいき，『庭訓往来』のような図書が広まっていった。

　江戸期には，武士の教育として想起されるのが四書五経を中核とする漢籍の素読といった個別教育であり，図書が必須であった。寺子屋や手習所といった民間の教育施設における商人や農民の教育についても，教材として往来物と呼ばれる図書の読み書きを学習の中心としており，図書が必須であった。その図書の種類も幕府の刊行した『六諭衍義大意』のような教訓的な内容とともに，商人の子ども向けの『商売往来』，農民の子ども向けの『百姓往来』に見られる実用的な知識を扱うものまで多様であった。

　明治期となり，1872年の学制発布による近代的な教育制度の導入によって，国家の主導する西欧流の一斉授業を取り入れた学校制度の確立が図られていく。一斉授業にあたっては，物の絵と文字を組み合わせた単語図や単語を使った文章を示す連語図，植物などを描いた博物図のような教育掛図（指教図）が師範学校や文部省から発行され，普及していった。

　また，一斉授業を行う際の最も基本となる教材として教科書があった。明治初期，学校教育に使用される教科書という図書の発行や採択に制限はなかったが，その進行とともに，教育の営みで使用されるメディアの画一化が進んでいく。1880年には，教科書として使用すべきではない図書が発表され，1881年に採択した教科書を報告させる開申制の導入，1883年にはある図書を教科書として採択してよいか許可を求める認可制の導入，1886年には検定を受けた教科書の使用を求める検定制度の導入，1903年以降は国定教科書の使用を求めることで教科書の画一化が完成し第二次世界大戦の敗戦まで続いていった。

　大正期には，児童を中心とした自発的な学びを重視する新教育（大正

自由教育）の影響を受けて，私立学校を中心に参考書や学習のための補助教材，自由読書のための読み物を取り入れる学校が出てきた。しかし，1924年に小学児童学習参考図書についての文部次官通牒として，「近来小学校ニ於テ教科書ノ解説書若クハ教科書類似ノ図書ヲ副教科書又ハ参考書ト称シテ使用セシムル向有之ヤノ趣右ハ教育上尠カラザル弊害ヲ来スルモノト存ゼラルルニ付厳重ニ御取締相成依命此段通牒ス」が発出されたことで，国定教科書以外の図書を使用しにくい状況となっていった。図書メディアの規制が強まる一方で，ラジオという新たなメディアが取り入れられていく。ラジオによる学校番組は，1930年代から2010年代にかけて長い期間放送されていた。また，1930年代より教育映画の製作も見られたが広く普及するまでに至らなかったようである。

　第二次世界大戦の敗戦後の教育改革において制定された，学校教育法（昭和22年法律26号）では，「文部科学大臣の検定を経た教科用図書又は文部科学省が著作の名義を有する教科用図書を使用しなければならない」ことと，「教科用図書以外の図書その他の教材で，有益適切なものは，これを使用することができる」ことが定められた。これにより，教科書以外の図書を中心とする補助教材の活用が容認されることになった。その背景には，教育改革に伴う，新たな教育において，児童生徒の自主的な学びや生活経験と結びつけた学びが重視されることとなり，多様な教材を必要としたことがある。

　その後，1953年にテレビ放送が開始されると同時に学校向けの番組を放映し始めた。同じ1953年には，学校図書館法が制定され，2条で「図書，視覚聴覚教育の資料その他学校教育に必要な資料」を扱うことが定められ，情報メディアの種類の多様化が進んでいくことになった。

　1980年代には学校にコンピュータの導入と普及が進んでいく。1990年代になるとCD-ROMなどの再生に対応したコンピュータの活用が進ん

でいった。1990年代末頃から学校のコンピュータはインターネットに接続されていくようになった。

　2005年頃からは，デジタル教科書の普及が始まっていった。デジタル教科書は，電子黒板などで拡大投影し，紙の教科書と併用することを前提とした教科書準拠補助教材として位置付けられ，導入が進められた。そして2019年度には，従来の紙の教科書を主たる教材として使用しながら，必要に応じて学習者用デジタル教科書を併用することを認めるデジタル教科書の制度化が図られ，整備の制度的基盤が整えられた。

　2020年には，COVID-19 と呼ばれる新型コロナウイルス感染症が世界的なパンデミックを起こし，日本もその例外ではなかった。学校が休校となり，文部科学省は ICT を活用した「学びの保障」を打ち出し，インターネットを活用したオンライン授業やデジタル教材の利用に積極的に取り組む学校も登場した。

　古代から現代までの変遷をみれば，学校教育も含めて，人が何かを学ぶ際に情報メディアが必須であったことを確認できる。情報メディアの活用を学ぶことは児童・生徒の学びを考えていくことへとつながるのである。

学習課題

1．情報メディアの定義を自分なりにまとめてみよう。
2．教育の営みにおいて，情報メディアがどのように活用されてきたのかをまとめてみよう。

⟩⟩ 注記

1)　文部科学省．"学校図書館司書教諭講習規程の一部を改正する省令について（通知）"．文部科学省．
https://www.mext.go.jp/a_menu/shotou/dokusho/link/1327076.htm，（参照 2020-11-20）．

2)　"情報"．図書館情報学用語辞典．日本図書館情報学会用語辞典編集委員会編．第5版，丸善出版，2020．

3)　"情報メディア"．図書館情報学用語辞典．日本図書館情報学会用語辞典編集委員会編．第5版，丸善出版，2020．

4)　文部科学省．"「次代を担う自立した青少年の育成に向けて」（答申）：用語解説"．文部科学省．
https://www.mext.go.jp/b_menu/shingi/chukyo/chukyo0/toushin/07020115/018.htm，（参照 2020-11-20）．

2 | 日常生活と学校にみる情報メディア活用の差と課題

田嶋知宏

《目標＆ポイント》 児童生徒の日常生活では，図書，新聞，ラジオ，テレビなどの情報メディアの利用が減少し，スマートフォンなどを介したインターネットの利用が増加傾向にある。この傾向を踏まえつつ，学校教育で活用される情報メディアとの違いを意識しつつ，そこから生じる課題や対応すべき点について述べる。
《キーワード》 情報メディアの利用傾向，インターネット，スマートフォン，SNS

---

1. 児童生徒と情報メディアの活用

（1）日常生活における情報メディアの利用傾向

　児童生徒は日常的にどのような情報メディアを利用しているのであろうか。日本における児童生徒の情報メディアの利用状況については，詳細な調査は存在しないものの，各種調査から大まかな傾向をつかむことができる。

　図書メディアの利用について，教科書やコミックスを除いた，図書を利用しなかった不読者の割合から傾向を把握することができる。児童生徒の不読者（2019年5月1か月間に読んだ本が0冊の児童生徒）の割合は，小学生（4年から6年生）は6.8％，中学生は12.5％，高校生は55.3％となっている。この不読者割合の変化を10年の期間でみても，おおよそ小学生3-8％，中学生12-17％，高校生45-58％の範囲で推移し

ている。一定数の児童生徒が図書メディアを利用している背景には「朝の読書」活動などの学校や地域の公共図書館における読書推進活動も影響しているものと考えられる。こうした調査に基づけば，小学生の９割以上，中学生の８割以上，高校生の４割以上が図書メディアを何らかのかたちで利用する機会があることを確認できる。これを裏付けるものとして，日本の書籍販売額が減少傾向にあるなか児童書の販売額が横ばいもしくは増加傾向になっている点が挙げられる。これは児童書が継続的に小学生の手に渡っていることを傍証している。

　新聞メディアについては，平成31年度（令和元年度）全国学力・学習状況調査によれば，「ほぼ毎日読んでいる」小学生が7.1％，中学生が5.5％に対して，「ほとんど，または全く読まない」と回答した小学生が61.2％，中学生が70.9％であった。同調査の平成25年度の結果では，「ほとんど，または全く読まない」小学生が45.9％，中学生が55.2％となっており，そこから新聞を「ほとんど，または全く読まない」割合の増加傾向が続いている[1]。

　この傾向は，総務省の「情報通信メディアの利用時間と情報行動に関する調査」[2] にも表れている。同調査の結果では，おおよそ中高生に相当する10代で新聞を読む割合が平日2.1％，休日0.7％となっている。

　ラジオメディアについては，2019年11月の「全国個人視聴率調査」[3]によれば，小学生に相当する７〜12歳が９％，おおよそ中高生に相当する13〜19歳が男性13％，女性16％となっており，週平均３〜５分の聴取時間となっている。なお，総務省の「情報通信メディアの利用時間と情報行動に関する調査」では，おおよそ中高生に相当する10代でラジオを聞く割合が平日1.8％，休日0.0％となっている[4]。「全国個人視聴率調査」及び「情報通信メディアの利用時間と情報行動に関する調査」とも経年的に大きな割合の変化はみられないことから，児童生徒はラジオメ

ディアをほとんど活用していないことがわかる。

　テレビメディアについては，総務省の「情報通信メディアの利用時間と情報行動に関する調査」[5] では，2019年におおよそ中高生に相当する10代でテレビのリアルタイム視聴をする割合が平日61.6％（69分），休日52.8％（87.4分）となっている。この割合は，2015年の平日75.9％（95.8分），休日74.1％（155.8分）から減少傾向が続いている。小学生についても放課後のテレビ視聴時間が減少傾向にあることが調査結果から確認できる[6]。

　以上の調査から，日常生活において児童生徒による新聞，ラジオ，テレビといった情報メディアを利用する割合やその利用時間の減少傾向を把握することができる。その減少した時間が何に費やされているのかといえば，電子的な情報メディアの利用である。

（2）児童生徒の日常生活におけるインターネットへのアクセス

　児童生徒による電子的な情報メディアの利用については各種調査を参照すると，多様なメディアを活用している[7]。そのなかでも日常生活で携帯電話やコンピュータ（PC）を利用する割合は減少傾向にある一方で，スマートフォンを利用する割合が，年齢とともに増加する傾向にあることを確認できる[8]。スマートフォンの利用については，各年代においても年々増加していく傾向を示している。

　では，児童生徒はスマートフォンで一体何をしているのだろうか。その多くがインターネットへのアクセスである。実際に，小学生から高校生までのインターネットの利用率は年々増加傾向にあり，高校生は100％に近い値となっている（表2-1）。この状況は，小学生の多く，中高生のほぼすべてが何らかの方法で，インターネットにアクセスしていることを意味している。

表 2-1　児童・生徒のインターネットの利用率（%）

	2015年度	2016年度	2017年度	2018年度	2019年度
小学生 （高学年）	61.3%	61.8%	65.4%	85.6%	86.3%
中学生	80.3%	82.2%	85.2%	95.1%	95.1%
高校生	97.7%	96.6%	97.1%	99.0%	99.1%

＊2017年度と2018年度とで調査設問変更により直接比較できない。
出典：内閣府「青少年のインターネット利用環境実態調査報告書」の平成27年
　　　度から令和元年度をもとに作成

表 2-2　児童・生徒のインターネットの利用時間（平日 1 日あたり・分）

	2015年度	2016年度	2017年度	2018年度	2019年度
小学生 （高学年）	84.8分	93.4分	97.3分	118.2分	129.1分
中学生	127.3分	128.3分	148.7分	163.9分	176.1分
高校生	192.4分	207.3分	213.8分	217.2分	247.8分

出典：内閣府「青少年のインターネット利用環境実態調査報告書」の平成27年
　　　度から令和元年度をもとに作成

　内閣府「青少年のインターネット利用環境実態調査」の「児童・生徒のインターネットの利用時間」（表 2-2）を参照すれば，平日 1 日あたりのインターネット利用時間が年々増加傾向であること，学年・学校種が上がるにつれて，インターネット利用時間が増加傾向にあることを把握することができる。具体的にみれば，学校のある平日で高学年の小学生で約 2 時間，中学生で約 3 時間，高校生で約 4 時間をインターネットへのアクセスに費やしていることになる。
　それでは，児童生徒は，インターネットという情報メディアを活用し

表2-3 児童・生徒のインターネットの利用目的（％）

	2015年度	2016年度	2017年度	2018年度	2019年度
コミュニケーション	65.1%	67.4%	68.2%	65.5%	69.1%
ニュース	26.2%	31.2%	31.7%	27.0%	29.0%
情報検索	61.8%	61.0%	61.9%	52.2%	55.2%
音楽視聴	59.5%	61.8%	63.7%	59.5%	62.9%
動画視聴	71.3%	74.5%	77.7%	78.6%	81.5%
電子書籍	12.6%	12.9%	14.4%	11.5%	14.8%
ゲーム	73.0%	74.0%	74.9%	76.4%	78.7%
勉強・学習				37.6%	41.6%

出典：内閣府「青少年のインターネット利用環境実態調査報告書」の平成27年
度から令和元年度をもとに作成

　て何をしているのであろうか。同調査の「児童・生徒のインターネット
の利用目的」（表2-3）によれば，動画視聴，ゲーム，SNSを中心と
するコミュニケーション，音楽視聴，情報検索のためにインターネット
を活用していることが目立っている。また，学習向けのアプリやウェブ
サービスの普及により，勉強・学習を目的とするインターネットへのア
クセスも増加傾向にある。
　児童生徒による日常的なインターネットの利用については，家庭での
自律的な管理のもとに行われることになる。家庭でインターネット利用
に関するルールを決めている割合（表2-4）を参照すると学校種にも
よるが6割から8割の保護者が家庭でルールを決めているとしている。
その保護者の認識に対して，児童生徒自身が家庭でのルールを決めてい
ると回答した割合は少なく，保護者と児童生徒の間でインターネット利

表2-4　インターネット利用に関する家庭でのルールを
決めている割合（％）

	本人	保護者
小学生	60.70％	77.40％
中学生	63.60％	80.40％
高校生	38.60％	62.60％

出典：内閣府「青少年のインターネット利用環境実態調査報告書」
令和元年度をもとに作成

用に関して守るべき点の認識に一定程度のずれが生じている。

2．学校における情報メディアの活用

　学校において，教育活動を展開していくために多様な情報メディアが採り入れられてきた（第1章参照）。学習指導要領に準拠した紙・デジタル教科書をはじめとして，副教材や電子黒板などで投影する学習のための情報コンテンツなどが用いられている。このような学校で用いられる情報メディアは，効果的かつ効率的に学ぶことを目指すとともに，教育的配慮のもとに最適化されたものとなっている。その表れのひとつに，情報メディアのひとつであるスマートフォンの学校への持ち込みの制限がある。

（1）学校におけるスマートフォン持ち込みの是非

　文部科学省は2008年7月25日付「児童生徒が利用する携帯電話等をめぐる問題への取組の徹底について（通知）」[9]や2009年1月30日付「学校における携帯電話の取扱い等について（通知）」[10]において，携帯電話を

「学校における教育活動に直接必要のない物である」と位置付け，小・中学校においては学校への携帯電話の持ち込みを，原則禁止とすべきとし，高等学校においても，授業中もしくは，学校内での携帯電話の使用を一律に禁止するなどの使用を制限すべきで，実態を踏まえて学校への持ち込みを禁止することも視野に入れるように通知した。この通知によって，スマートフォンを含めた携帯電話端末を児童生徒が学校へ持ち込むことに対する制限を課してきた。

　その後，「学校における携帯電話の取扱い等に関する有識者会議」の議論を踏まえて，2020年7月31日「学校における携帯電話の取扱い等について（通知）」[11] で，従来の「学校における教育活動に直接必要のない物である」という前提は変えなかったものの，中学校において，情報モラルや情報セキュリティといった環境や措置を整えたうえで，学校又は教育委員会として持込みを認めることができるよう方針転換がなされた。また，特別支援学校についても，各学校や教育委員会の判断によることが明記された。この通知は，自然災害や犯罪の発生を念頭に，「登下校時の児童生徒の緊急時の連絡手段として，携帯電話を活用する」ことで，学校内，すなわち授業での使用を想定したものではないこともあらためて押さえておく必要がある。つまり，スマートフォンという児童生徒の日常生活において触れることが多いとされる情報メディアの持ち込みは，授業，すなわち児童生徒の学びと切り離して議論されてきた経緯がある。

（2）学校図書館における情報メディアの活用

　学校図書館における情報メディアの活用について「学校図書館ガイドライン」において「学校図書館の図書館資料には，図書資料のほか，雑誌，新聞，視聴覚資料（CD，DVD 等），電子資料（CD-ROM，ネット

ワーク情報資源（ネットワークを介して得られる情報コンテンツ）等），ファイル資料，パンフレット，自校独自の資料，模型等の図書以外の資料が含まれる」としている。この例示は，学校図書館で扱われるべき，情報メディアの全体像を示したものといえる。しかし，文部科学省による学校図書館関係の地方財政措置に関わる「学校図書館図書整備等5か年計画」で挙げられている情報メディアは，「学校図書館図書標準」達成を念頭におく図書の整備と，学校図書館への新聞配備である。「学校図書館ガイドライン」で言及されている情報メディアの種類と実際に学校図書館に整備が進められようとしている情報メディアとに差がみられる。この差は，学校図書館に備えておくことが理想とされる多様な情報メディアと実際に学校図書館に置かれている主たる情報メディアが紙メディアであることについて，多くの学校図書館の実情からそう大きくかけ離れることなく示していると考えられる。

3. 児童生徒の日常と学校における情報メディアの差

　児童生徒が日常生活で活用する情報メディアの中心は，インターネットにアクセスするスマートフォンを中心とする機器である。それに対して，学校における情報メディアは，紙の教科書やコンピュータやタブレットを介したデジタル教科書が中心となっている。また，学校図書館では多様なメディアを扱うことになっているものの，児童生徒の日常生活における情報メディアの利用状況を踏まえれば，学校図書館が対象とするようなメディアの大半に触れる機会がないことも考えられる。このように児童生徒が日常的に触れる情報メディアと学校で触れる情報メディアには違いがある。

　さらには情報メディアで提供される情報コンテンツの特徴にも違いが

ある。日常生活であれば，スマートフォンなどでフィルタリングソフト
などを通した情報コンテンツであれば，それほど制約されることなく事
実上無制限に利用できる。それら利用できる情報コンテンツの選択につ
いて教わるような機会も数少ない。もちろん，日常的に扱われるメディ
アの利用に関する学びや指導は学校教育においても情報モラル教育（第
12章参照）などで言及されることもあるものの限定的である。

　学校であれば，児童生徒の利用する情報コンテンツの多くは検定や教
育委員会，教員による選択が反映されたものである。それに加えて図書
の探し方，新聞の見方にみられるように情報メディアへの接し方，扱い
方の指導を受ける機会がある。

　このように児童生徒の日常と学校において触れる情報メディアに差が
あり，触れる際の制約にも差が存在している。

4. 日常生活で触れる情報メディアから生じる課題

　児童生徒がスマートフォンをはじめとする情報メディアを通して，イ
ンターネットにアクセスする機会が増えることは，学びや趣味をはじめ
とする多様な情報を容易に得られる利便性をもたらすことにつながって
くる。その利便性の一方で，さまざまな課題が生じている。

（1）インターネット依存・スマートフォン依存

　児童生徒によるインターネットの利用時間が年々増加傾向にあること
は，インターネットへのアクセスなしでは生活できなくなるインターネ
ット依存の問題とつながってくる。さらに，スマートフォン依存が学力
に及ぼす影響とする複数の指摘[12]もある。

　すでに，児童生徒のインターネットやスマートフォンに関わる依存の

問題は広く認識されるようになっている。文部科学省は，インターネットへのアクセス，スマートフォンやタブレットなどの使いすぎについて注意を促す啓発教材を作成している（第12章参照）[13]。また，2020年から開催された厚生労働省「ゲーム依存症対策関係者連絡会議」[14] では，インターネットを介したオンラインゲームの依存の問題も指摘されている。

（2）インターネットを介したいじめ

　児童生徒がインターネットの空間と現実世界との境界なく過ごすようになれば，現実世界で問題とされる行動も同様に増加してくることになる。

　実際に，「児童生徒の問題行動・不登校等生徒指導上の諸課題に関する調査」では，「パソコンや携帯電話等で，ひぼう・中傷や嫌なことをされる」ことを取り上げた項目があり，その認知件数は増加傾向を示している（表2-5）[15]。課題として認識すべき，インターネットを介したいじめは，個人情報を公開することやいじめ対象者になりすまして活動することなどのように，ひぼうや中傷にとどまらないことも留意しておかなければならない。

表2-5　パソコンや携帯電話によるひぼう・中傷等のいじめ（件数）

	2015年度	2016年度	2017年度	2018年度	2019年度
小学校	2,075件	2,679件	3,455件	4,606件	5,608件
中学校	4,644件	5,723件	6,411件	8,128件	8,629件
高等学校	2,365件	2,239件	2,587件	3,387件	3,437件
特別支援学校	103件	138件	179件	213件	250件

出典：文部科学省「児童生徒の問題行動・不登校等生徒指導上の諸課題に関する調査」平成27年度から令和元年度をもとに作成

（3）プラットフォームという利便性と限界

　インターネットは，情報発信と入手の容易さから児童生徒の日常生活に深く浸透している。そのインターネット自体もひとつの情報をやり取りするためのプラットフォームと捉えることができる。そして，そのインターネットの中にも情報を発信，受信，やり取りするためのさまざまなサービス事業としてのプラットフォームが林立している。インターネットで情報を得たり，発信したりすることは，そうしたサービス事業者のプラットフォームに依存して行う場合がほとんどである。プラットフォームの選択は容易に情報のやり取りができる利便性や周囲が利用しているという普及状況から無意識に行われることも多い。その事実が意味することは，サービス事業者により，導かれるプラットフォーム上での行動（たとえば，ハッシュタグを付けるという行為）が統制されているということである。情報メディアと向き合うためには，そのことに自覚的にならなければならない。

（4）プラットフォームに依存する情報収集の課題

　児童生徒の中には，SNSを活用した情報収集を日常的に行う者もいる。そのひとつがSNSへのテキスト・画像・動画投稿やコメントの履歴を時系列に表示させたタイムライン（TL）を活用した情報収集である。タイムラインには，自分がフォローしているアカウントの投稿も自動的に表示（通知）される。児童生徒のなかには，タイムラインを活用して自身の興味関心に即した情報発信をしてくれそうな人をフォローすることで，情報が半ば自動的に届くような仕組みを構築している者もいる。また，動画投稿サイトで特定の投稿者をチャンネル登録することで，児童生徒は，特定投稿者の動画を容易に視聴することができる。こうしたやり方で児童生徒は自分に適していると考える情報のみをインタ

ーネット上から抽出しようと試みている。SNSはサービス事業者によるプラットフォームのひとつにすぎない。時には，利用規約に反した投稿を削除したり，アカウントを利用停止にする措置が取られたりすることもある。そこにある情報はすべてではなく，サービス事業者がより利用を促そうとするために最適化された仕組みであることを児童生徒が気づかせていくことが求められている。

5.　情報メディアを活用していくための知識の必要性

　児童生徒の日常における情報メディアの利用状況やそこから生じる課題を踏まえつつ，より汎用的に情報メディアを扱えるよう指導することが求められる。そのためには，情報メディアを使ってやり取りされることになるコンテンツとしての情報を扱い，読み解くための一定の前提知識が何から構成されているのかを理解しておく必要がある。この前提知識は，3つに分けて捉えることができる。

1.　情報を示すための記号や音声に関する知識（いわゆる言語に関する知識）
2.　情報が指し示す知識内容を理解するための知識（一般的に知識とされるもの）
3.　情報自体を扱うための知識（情報の様式や発信，流通に関する知識）

　情報があふれ，知識の変容が激しい時代においても，情報を読み解くために必要な基礎的な前提知識はこれまでと大きく変わらない。もちろん，前提知識は，社会の変化や技術革新によって変化していくこともある。

　児童生徒は，１点目の情報を示すための記号や音声に関する知識や２点目の情報が指し示す知識内容を理解するための知識をさまざまな教科学習等を通して，学んでいくのである。情報を理解するための知識を学ぶことにとどまっていたのでは，社会の変化や技術革新に追いついていけなくなってしまう。学んだ知識をもとにして，新たな情報を見出し，自分の中に取り込んでいく必要がある。児童生徒が学校を卒業した後で，新たな情報を見出し，前提知識を更新していくためには，３点目の情報自体を扱うための知識を身につけておく必要がある。この３点目の知識こそが，情報メディアの活用で取り上げられる中核となる内容である。

　情報メディアを活用することは，情報を上手に扱える大人たちが意識的か，無意識的かは別にせよ，日常生活において実践してきた暗黙知も含めて，ひとつの言語化されたスキルとして示すことで，児童生徒が実践し，身につけられるよう導くことを目指すことといえるであろう。

　ここでポイントとなるのが，「情報を上手に扱える」ということがどういう状態であるのかを明確にしておくことと，実践の中で培われてきた暗黙知を誰でも身につけられるようにするための仕組みの整備である。

　「情報を上手に扱える」ことは，情報を扱おうとする者が，必要と考える情報に合わせて，妥当と思われる情報を見つけ出した情報の中から，選択し，自己の中に取り込み，何らかの知識変容や行動変容につなげられることといえよう。すべての情報は，人間が何らかの意図をもって発信したものである。ある事実から切り取られた情報は，情報を発信する者の意図や都合によって切り取られ方が変わったり，手を加えられたり，一部隠されたりといったようなバイアスが加わっている。「情報を上手に扱える」ということは，その情報に加えられたかもしれないバ

イアスという偏りを含めて理解したうえで情報を扱っていくことである。よく，「正しい情報を選択するようにしましょう」などと声掛けし，指導したくなることがあるかもしれない。しかし，情報には発信者のバイアスが必ず含まれているため，偏りのないという意味での正しい情報を選択することはほぼ不可能といってよい。事実をどう切り取るかで，情報は大きく変わってしまう。このことは，誰もが，信頼できると考えていた政府統計に不正問題（2018年末から2019年にかけて）が生じ，その数値の信頼性が損なわれた例を出すまでもなく，自明のことである。他にも，一見しただけでは，正しい情報と誤認させるようなフェイクニュースや消費者に広告とは気づかせないような情報発信を行うステルス・マーケティング等のように，情報を扱う者がいくら気をつけていたとしても偏りの含まれる情報とは多数存在し，避けることはできないのである。

学習課題

　児童生徒が「情報を上手に扱える」ようになるために，司書教諭の立場から，できることは何があるだろうか。考えをまとめてみよう。

〉〉 注記

1)　国立教育政策研究所．"平成31年度（令和元年度）全国学力・学習状況調査報告書【質問紙調査】"国立教育政策研究所．

https://www.nier.go.jp/19chousakekkahoukoku/report/data/19qn.pdf，（参照 2021-02-02）．

2)　総務省情報通信政策研究所．"令和元年度情報通信メディアの利用時間と情報行動に関する調査報告書"総務省情報通信政策研究所．2020-09．
https://www.soumu.go.jp/main_content/000708016.pdf，（参照 2021-02-02）．

3)　中山準之助ほか「テレビ・ラジオ視聴の現況：2019年11月全国個人視聴率調査から」『放送研究と調査』2020年3月号，NHK出版，2020，p. 95-97．
https://www.nhk.or.jp/bunken/research/yoron/pdf/20200301_11.pdf，（参照 2021-02-02）．

4)　前掲2）

5)　同上

6)　学研教育総合研究所．"テレビを観る時間／日"「小学生白書 Web 版2019年8月調査」
https://www.gakken.co.jp/kyouikusouken/whitepaper/201908/chapter5/03.html，（参照 2021-02-02）．

7)　国立教育政策研究所．"OECD 生徒の学習到達度調査（PISA）：～2018年調査補足資料～生徒の学校・学校外における ICT 利用"．国立教育政策研究所．2019-12．
https://www.nier.go.jp/kokusai/pisa/pdf/2018/06_supple.pdf，（参照 2021-02-08）．

8)　東京大学社会科学研究所，ベネッセ教育総合研究所．"子どもの生活と学びに関する親子調査2015-2018：ダイジェスト版"．ベネッセ教育総合研究所．
https://berd.benesse.jp/up_images/research/oyako_tyosa_2015_2018_Web%E7%94%A80225.pdf，（参照 2020-12-20）．

9)　文部科学省．"児童生徒が利用する携帯電話等をめぐる問題への取組の徹底について（通知）"．文部科学省．2008-07-25．
https://warp.ndl.go.jp/info:ndljp/pid/1938992/www.mext.go.jp/a_menu/shotou/seitoshidou/04121502/056.htm，（参照 2020-12-16）．

10)　文部科学省初等中等教育局長．"学校における携帯電話の取扱い等について（通知）"．文部科学省．2009-01-30．
https://warp.ndl.go.jp/info:ndljp/pid/11402417/www.mext.go.jp/b_menu/

hakusho/nc/1234695.htm，（参照　2020-12-16）．

11)　文部科学省初等中等教育局長．"学校における携帯電話の取扱い等について（通知）"．文部科学省．2020-07-31．
https://www.mext.go.jp/content/20200803-mxt_jidou02-000007376_2.pdf，（参照2020-12-16）．

12)　例えば，以下の図書がある．
川島隆太．スマホが学力を破壊する．集英社，2018，216p.，（集英社新書，0924 I）．
ハンセン，アンデシュ．スマホ脳．久山葉子訳．新潮社，2020，255p.，（新潮新書，882）．

13)　文部科学省．"教育の情報化の推進：情報モラル教育の充実"．文部科学省．
https://www.mext.go.jp/a_menu/shotou/zyouhou/detail/1369617.htm，（参照2020-12-16）．

14)　厚生労働省．"ゲーム依存症対策関係者会議"．厚生労働省．
https://www.mhlw.go.jp/stf/shingi2/0000202961_00004.html，（参照　2021-02-04）．

15)　文部科学省．"児童生徒の問題行動・不登校等生徒指導上の諸課題に関する調査"．文部科学省．
https://www.mext.go.jp/a_menu/shotou/seitoshidou/1302902.htm，（参照2021-02-04）．

3 | 情報通信の基盤とその活用

高鍬裕樹

《**目標＆ポイント**》　現代社会における情報通信は，インターネットを代表とする通信ネットワークを基盤としている。この通信ネットワークを実現する情報技術であるパケット交換方式，暗号化などの技術を解説する。また学校や教室で使えるローカルネットワークの構築法とその活用法について解説する。

《**キーワード**》　パケット交換方式，グローバル IP アドレス，プライベート IP アドレス，暗号化，エンドツーエンド暗号化，ローカルネットワーク，モバイルホットスポット，テザリング

1.　インターネットでの情報通信に用いられる技術

（1）インターネットの原理：パケット交換方式

　インターネットにおける情報の伝達方式は「パケット交換方式」と呼ばれる。パケット交換方式は，以下のような方法で情報を伝達する。

- ・ひとつのメッセージを多数の「パケット」に分割し，パケットそれぞれに対して送信先アドレスやパケットの並び順情報などを付与してネットワーク上のルータ等の機器に送信する
- ・パケットを受け取った機器は，送信先アドレスを確認し，自分宛のパケットを保存する
- ・パケットを受け取った機器は，自分宛でないパケットを，送信先アドレスに近い別の機器に送信する

図3-1　パケット交換方式　通信回線の共有

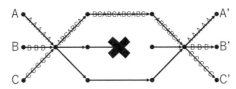

図3-2　パケット交換方式　障害の起こった経路の迂回

　これを，パケットが送信先アドレスに到達するまで繰り返す。エラーチェックや再送を経て，すべてのパケットが送信先アドレスに届けば通信が完了する。パケット交換方式では，情報の伝達に多数の機器が関わり，順番に次の機器へパケットを配送していく。このことを指して，「バケツリレー」による情報の伝達と表現される。

　パケット交換方式による情報伝達の利点は，通信回線を共有できることである（図3-1）。また，通信の経路が複数ある場合には，いずれかの経路に不具合が生じたとしても，別の経路を通すことで障害を迂回できる（図3-2）。

（2）インターネット・アドレス
a．IP アドレス

　PC をインターネットに接続する場合，その PC のインターネット上での「住所」となるものが「IP アドレス」である。現在普及している

規格である「IPv4」では，IPアドレスは32ビット（8×4ビット）の2進数で表される（11000000. 10101000. 11101101. 00111110）が，一般にはそれを8ビットずつに分けて10進数で表現する（192. 168. 237. 62）。IPアドレスは2^{32}≒43億通り存在し，これが全世界にあるIPアドレスすべてである[1]。

b．プライベートIPアドレス

　インターネットで通信を行うためには，IPアドレスは全世界で一意でなければならない。しかしながら，43億通りのIPアドレスでは，世界のすべての端末を接続するのには全く足りない。そのため，IPアドレスには「プライベートIPアドレス」が用意されている。

　プライベートIPアドレスは直接インターネットにアクセスしないアドレス群である（これに対して，直接インターネットにアクセスできるIPアドレスを「グローバルIPアドレス」という）。プライベートIPアドレスしか持たない機器がインターネットにアクセスするときには，グローバルIPアドレスを持つ機器を経由することになる。すなわち，グローバルIPアドレスを持つ機器が，プライベートIPアドレスを持つ機器からの要求を受けてインターネットとの情報のやり取りを行うことで，プライベートIPアドレスの機器を仮想的にインターネットに接続する（図3-3）。このことでグローバルIPアドレスの不足を補っている。

　プライベートIPアドレスには，以下のアドレスが予約されている。この

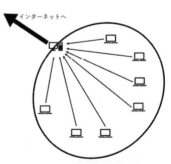

図3-3　グローバルIPアドレスの機器を介しての接続

範囲の IP アドレスは直接インターネットに接続できず，グローバル IP アドレスを経由してのみ接続できる。

- 10.0.0.0–10.255.255.255（最大約1677万台の端末を接続可能）
- 172.16.0.0–172.31.255.255（最大 6 万5534台の端末を接続可能なアドレス範囲が16個）
- 192.168.0.0–192.168.255.255（最大254台の端末を接続可能なアドレス範囲が256個）

プライベート IP アドレスとしてよく目にするのは，192.168から始まるアドレスである。すなわち，これらアドレスを使ったローカルネットワークでは，最大で254台の端末を接続できる。

c．DHCP（Dynamic Host Configuration Protocol）

インターネットへの接続を適切に設定するのは十分に知識を持った人でなければ無理であり，PC をインターネットに接続したい人すべてにこのような知識を持つことを期待はできない。そのため，インターネットへの接続設定を自動的に行う方式が考案され，これを「DHCP」（Dynamic Host Configuration Protocol）という。現在では，一般に使われる端末（PC，タブレット端末，スマートフォン等）は DHCP クライアントとしての機能を持っており，DHCP サーバから送信される接続設定を受け取れる。

DHCP は，以下のような順序で端末にインターネットへの接続設定を与える（図 3 - 4 参照）。

- DHCP クライアントの機能を持つ PC がネットワークに接続されたとき，そのネットワーク全体に向けて特殊なパケットを送出する
- このパケットを受け取った DHCP サーバは，パケットを送出した PC に向けて，必要なネットワーク設定を通知する

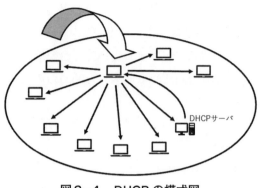

図3-4　DHCP の模式図

　・DHCP クライアントは，通知された設定を PC に適用し，インターネットとの通信を始める
　・一定期間が過ぎれば，DHCP クライアントはネットワーク設定を開放する

　DHCP によって，PC ごとに手動でネットワークの設定を行う必要がなくなった。また，PC を別のネットワークにつないだとき，手動で設定を書き換える必要がなくなった。

2.　暗号化の技術

（1）インターネットにおける暗号化技術の必要性

　本章1節（1）で述べたとおり，インターネットを流れる情報は，目的のホストにたどり着くまでに数多くの機関や組織を経由する。このことは，インターネットでのやり取りが第三者に傍受される可能性を排除できないことを示す。これはパケット交換方式を用いることの欠点のひとつであり，インターネットはそのままでは，クレジットカード番号な

ど他者に漏れてはならない情報を送信できない存在であった。

　しかしながら現在では，インターネット上でごく当たり前に秘匿性の高い情報がやり取りされている。インターネット上で，他者に漏れてはならない情報をやり取りするときに用いられるのが，情報を暗号化する技術である。

（2）公開鍵暗号方式の原理
ａ．共通鍵暗号方式とその欠点

　暗号の歴史は「共通鍵暗号方式」から始まっている。共通鍵暗号方式は，情報の送り手と受け手が共通の「暗号化の鍵」を持ち，その鍵で情報を暗号化あるいは復号するものである。

　共通鍵暗号方式のごく初歩的なものに「シーザー暗号」がある。これは換字式暗号の一種であり，文章の各文字を何らかの並びに従って数文字ずらすことで，何文字ずらすか知らない人には内容がわからないようにするものである。たとえば，「きのうはいいてんき」という文章の文字を，それぞれ五十音順で後ろへ１文字ずつずらすと「くはえひううとあく」となる。この場合，「１文字ずらす」ことが暗号化の鍵となり，この暗号化の鍵を知っていれば「くはえひううとあく」から「きのうはいいてんき」を解読できる（図３-５）。共通鍵暗号方式には非常に複雑なものもあり[2]，役割を限れば現在でも十分に実用的である。

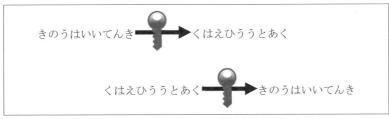

図３-５　共通鍵暗号方式（換字式暗号）

しかしインターネット上で活用することを考える場合，共通鍵暗号方式には大きな問題がある。その問題は「鍵配送問題」といわれる。共通鍵暗号方式による情報通信が秘密に保たれるのは，情報の送り手と受け手が共通の暗号化の鍵を持っており，第三者は鍵を持っていない場合のみである。まず，情報の送り手か受け手のどちらかが鍵を持っていない場合には，暗号化通信が成立しない。また，送り手と受け手の双方が鍵を持っていたとしても，第三者にその鍵が漏洩してしまえば，その第三者も暗号化した通信の中身を見ることができ，通信の秘密が保たれなくなる。そのため，共通鍵暗号方式の場合，暗号化の鍵は，暗号化した通信が伝達される経路とは別の経路で送ることで，暗号化の鍵が第三者の手に入っていないことを保証しなければならない。暗号化して送りたい（秘密にしたい）情報とは別の経路で暗号化の鍵を送る必要があることが，共通鍵暗号方式の「鍵配送問題」である。

インターネット上での情報の伝達を考える場合，「別の経路」は存在しないと言ってよい。受信者が受け取れる情報はすべて第三者も受け取れる可能性があるため，共通鍵暗号方式では，インターネット上でのやり取りを秘密に保つことはできない。

b．公開鍵暗号方式の原理

インターネット上での通信を秘密に保ちたい場合に使われるのが，公開鍵暗号方式である。公開鍵暗号方式は，共通鍵暗号方式では暗号化と復号で共通だった暗号化の鍵を，「公開鍵」と「秘密鍵」のペアとして生成することで，鍵配送問題を解決した。

公開鍵暗号方式による暗号化の方法は，図3-6のようになる。通信を行う人物をそれぞれA・Bとする。

・まず，A・B双方で，公開鍵と秘密鍵からなる鍵ペアを生成する

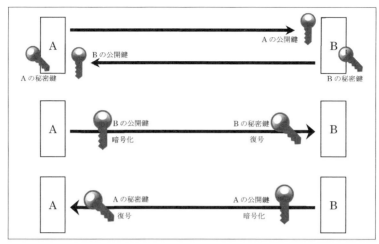

図3-6　公開鍵暗号方式

（つまり，鍵は4つ生成される）。そのうえで，Aの公開鍵をBへ送
り，Bの公開鍵をAに送る。A・B双方の秘密鍵は，自分以外の誰
にも知られないように，徹底的に秘密にする。

・AからBに情報を送信するときは，AはBの公開鍵を使って通信の
　内容を暗号化し，Bへ送信する。Bは，自分の秘密鍵を使ってそれ
　を復号する。

・BからAに情報を送信するときは，BはAの公開鍵を使って通信の
　内容を暗号化し，Aへ送信する。Aは，自分の秘密鍵を使ってそれ
　を復号する。

　このようにすれば，A・B間の通信をすべて傍受している人物Cがい
たとしても，A・B双方の秘密鍵が手に入らないため暗号化された情報
を復号できず，通信の秘密が守られる。

　このことから，公開鍵暗号方式の特長は以下のように把握できる。ま

ず，公開鍵は誰に知られても問題ないため，隠す必要がない。同時に，秘密鍵は本人だけが把握していればよく，誰にも知らせる必要がない。これは，共通鍵暗号方式の暗号化の鍵が持つ「情報を伝達したい相手には知らせなければならないが，それ以外の相手には知らせてはならない」という弱点を克服するものであり，共通鍵暗号方式に比べて高いセキュリティを実現できる。

公開鍵暗号方式が開発されたことで，インターネット上での通信を当事者以外に知られないようにする技術が確立した。そのことで，インターネット上でできることの幅は大きく広がったのである。

（3）エンドツーエンド暗号化

上記のように暗号化を行うことで，通信経路において内容を窃取される恐れはほとんどなくなった。しかし，通信のしかたによっては，情報が漏洩する可能性は消えていない。さらに通信内容を安全にするために，エンドツーエンド暗号化（End to End Encryption）が行われる。エンドツーエンド暗号化とは，送信元で暗号化した情報を，受信先でのみ復号することである。

インターネット上のサービスを用いて通信する場合，送信者から送られた内容がサーバでいったん復号され，再び暗号化されて受信者のもとに送られる場合がある。すなわち，上記の公開鍵暗号方式の鍵ペアを，送信者とサーバ，および，サーバと受信者の間でやり取りして暗号化を行い，直接送信者と受信者の間では暗号鍵のやり取りをしない方式である（図3-7）。

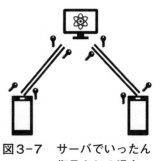

図3-7　サーバでいったん復号される場合

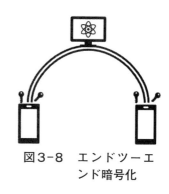

　このことにはさまざまなメリットがあり，たとえばパスワードを忘れた場合に再設定したり，通信の履歴をサーバに残したり，送信した画像をサーバで自動的に軽量化したりできる。一方でこの方法は，暗号化された情報がサーバでいったん復号されているために，サーバ管理者は通信の内容を把握でき，プライバシーとセキュリティに問題がある。

図3-8　エンドツーエンド暗号化

　そのような問題を解決する方法がエンドツーエンド暗号化である。エンドツーエンド暗号化では，暗号化のための鍵ペアを送信者と受信者が持ち，それぞれの端末内で暗号化と復号を行う（図3-8）。この方法であればサーバ管理者ですら通信内容を把握できず，プライバシーが保たれる。

　一方でこの方法を用いると，パスワードを忘れた場合に再設定はできず，また通信の記録をサーバに残しておくこともできなくなる（ローカルに保存することはできる）。どの程度のセキュリティを求めるのか，どのようなサービスが必要なのかによって，暗号化の種類を使い分ける必要がある。

3.　ローカルネットワークの構築

　現在のインターネットは，上記のような技術を使って構築されている。これらインターネットで使われる技術は高いスケーラビリティを持ち，大規模なネットワーク構築にも使われる一方で，個人的な機器の接続にも使いうる。別の言い方をすると，インターネットの技術を使うが

インターネットには接続しない「ローカルネットワーク」を構築することで，さまざまなものを共有でき，1つの端末だけではなしえないことが実現できるようになる。そこで本節では，ローカルネットワークの構築のしかたについて解説する。ローカルネットワークを構築することで，インターネットに接続していなくても，複数の端末が相互に通信できる。さらに次節で，ローカルネットワークを用いることで行える，さまざまな「できること」について解説する。

（1） Windows10 のモバイルホットスポット

Windows10 で，無線 LAN の使える PC（ノートパソコンなど）であれば，「モバイルホットスポット」機能を用いることによりローカルネットワークを構築できる。Windows10 では，Wi-Fi でネットワークに接続しながら，同時にモバイルホットスポットを有効にできる。モバイルホットスポットで PC に接続できる端末数は8台までであり，限界はあるが，それでもある程度の役には立つ。

a．モバイルホットスポットを起動する方法

Windows10 でモバイルホットスポットを起動するには，アクションセンター（画面右側の，通知などが表示される領域）下部にあるクイックアクションから「モバイルホットスポット」（図3-9）をクリックするのが簡単である。モバイルホットスポットのアイコンが表示されていない場合，クイックアクションを右クリックすることで「編集」を呼び出し，「追加」から「モバイルホットスポット」を追加しておけば

図3-9　Windows10 モバイルホットスポット

よい。

WindowsPC でモバイルホットスポットを起動した場合，当該 PC の IP アドレスは常に「192.168.137.1」である（Windows の仕様変更により変わる可能性はある）。そのため，このモバイルホットスポットに接続している端末の IP アドレスは「192.168.137.XX」となる。このことを知っておくと，何らかの接続の際に便利かもしれない。

b．モバイルホットスポットに接続する方法

WindowsPC のモバイルホットスポットに接続するには，事前にその PC のネットワーク名とネットワークパスワードを把握しておかねばならない。その方法は以下である。

モバイルホットスポットアイコンを右クリックすると，「設定を開く」メニューが表示される（図3-10）。この「設定を開く」から，モバイルホットスポットの設定ができる。モバイルホットスポットのネットワーク名とネットワークパスワードが表示される（図3-11）ので，これを控えておけばよい。

他の端末から PC のモバイルホットスポットに接続する方法は，通常の無線 LAN への接続と同じである。端末の Wi-Fi

図3-10　Windows10 モバイルホットスポットの設定を開く

図3-11　Windows10 モバイルホットスポットの設定

設定を開き，モバイルホットスポットのネットワーク名を探す（もちろんその前に，PC のモバイルホットスポットが有効になっている必要がある）。PC のネットワーク名が見つかればそれをクリックすると，ネットワークパスワードの入力画面になる。そこで，先ほど控えておいたネットワークパスワードを入力すれば，PC のモバイルホットスポットに接続し，PC のインターネット接続を共有できる。

c．ネットワーク接続がない場合にモバイルホットスポットを起動する方法

WindowsPC は，少なくともひとつの方法でネットワークに接続していない場合には，そのままではモバイルホットスポットを起動できない。しかしながら，若干高度な設定をすることで，ネットワークに接続していない WindowsPC のモバイルホットスポット機能を有効にし，ローカルネットワークを構築できる[3]。このようにして構築したローカルネットワークは当然ながらインターネットには接続できない。しかしローカルネットワークに接続しているそれぞれの端末間でのやり取りは可能であり，そのことで，次節で述べるようなさまざまな「できること」が可能になる。

（2）Android™ 端末のテザリング

もし手持ち機器に Android™ 端末があるならば，その端末に「テザリング」機能があれば，テザリングで Android™ 端末に接続することで，ローカルネットワークを構築できる。このとき，Android™ 端末が何らかのネットワークに接続できている必要はなく，ただテザリングが有効でありさえすればよい。

Android™ 端末で Wi-Fi アクセスポイントを有効にする場合，Wi-Fi

Android is a trademark of Google LLC.

でのネットワーク接続は停止される。また，テザリングで接続できるの
は通常5〜10台程度なので，その範囲での活用を考える必要がある。

　なお，iOS端末は，少なくともひとつの有効なネットワーク接続がな
い場合には，テザリング（iOS端末では「インターネット共有」）でき
ないようになっている。そのため，iPadやiPodは，モバイルデータ通
信（携帯電話ネットワークへの接続）を持たない機種はテザリング機能
を持たず，ローカルネットワークを構築できない。携帯電話ネットワー
クに接続できるiPadやiPhoneでも，圏外の場所にいてネットワークに
接続できないなどの場合にはテザリングできず，ローカルネットワーク
構築機能を発揮できない。そのためこの用途には，iOS端末はあまり向
いていない。

a．テザリングを始める方法

　Android™端末でテザリングを始める方法は，端末によって若干の違
いがあるが，一般には「設定」アプリから始める。設定アプリで「無線
とネットワーク」にある「テザリングとポータブルアクセスポイント」
が，テザリングの設定を行う部分である（図3-12）。「Wi-Fiアクセス
ポイントをセットアップ」で，その端末に接続する際のネットワーク名
とパスワードの設定ができる。ネットワーク名は任意に設定すればよ
い。パスワードも任意だが，できるだけ他者にわかりにくいものにしな
ければならない。

b．テザリングに接続する方法

　テザリングを有効にしているAndroid™端末に接続する方法は，PC
でもタブレット端末でも，通常の無線LANへの接続と同じである。テ
ザリング端末のネットワーク名とパスワードを把握したうえで，接続し

図3-12　Android™端末　テザリング設定

　たい端末の無線LAN設定からテザリング端末のネットワーク名を探す。発見したらそれを選択し，パスワードを入力すればよい。

（3）無線LANルータ，Wi-Fi中継器

　もし数千円〜数万円の費用が出せるのであれば，ローカルネットワークを構築するための機器を購入するのが簡便である。ローカルネットワークを構築するための機器として使いうるのが「無線LANルータ」や「Wi-Fi中継器」である。無線LANルータのなかには携帯電話ネットワークへの接続を想定しバッテリーを搭載した「モバイル無線LANルータ」があり，Wi-Fi中継器にも，USB接続のモバイルバッテリーからの給電で動作するものがある。そういったものであれば，どこへでも持ち出してローカルネットワークを構築できる。単にローカルネットワー

クを構築するためであれば携帯電話ネットワークに接続できる必要はないので，Wi-Fi 中継器（例として，ELECOM WTC-1167US-B（図3-13）を挙げる）で十分に用を果たす。たとえば，遠足に行った先で，端末間をローカルネットワーク接続し，ファイルの共有や音声の双方向通信を行える[4]。例で挙げ

図3-13　Wi-Fi 中継器の例

た機種では，接続距離を 30m までとしており[5]，そう遠くまで通信できるものではないが，この範囲でも可能になることはあるものと思われる。

4.　ローカルネットワークでできること

（1）マウスやキーボード入力の共有

　ローカルネットワークを構築することで，マウスやキーボードからの入力を PC 間で共有できるようになる。このためのソフトウェアとして，Microsoft Garage から公開されている「Mouse without Borders」[6]がある（図3-14）。ひとつの PC につないだマウスとキーボードを用いて，その PC を含

図3-14　Mouse without Borders

図3-15　タブレット端末から PC に入力を送信するアプリの例

　めて4台までの PC を操作できるもので，ローカルネットワーク上で機
能する。またクリップボードの共有やファイルのコピー＆ペーストもで
きるため，複数の PC を並行的に操作する場合に便利である。

　PC 間ではなく，タブレット端末から PC にマウスやキーボードの入
力を送りたい場合には，タブレット端末を PC のマウスにする「Remote
Mouse」（図3-15左）などのアプリが便利である。この種のアプリも，
原則として端末同士が同じローカルネットワーク上にある場合に機能す
る。入力のバリエーションとして，バーコードや QR コードの読み取り
結果をタブレット端末等から PC に入力できるアプリ（一例として Bar-
code to PC[7]：図3-15右）もあり，ローカルネットワークを構築するこ
とで，さまざまな入力を PC に共有できる。

（2）画面の共有

ローカルネットワーク上で、画面を共有することもできる。すなわち、ローカルネットワークを経由して、ある PC のサブモニタとして PC やタブレット端末の画面を使用できる。WindowsPC の場合、「接続」アプリがこの用途のものだが、より汎用性の高いものとして「spacedesk」[8] をとりあげる。

spacedesk はマルチモニタアプリである。spacedesk を使うことで、プライマリ端末（WindowsPC）の画面を拡張し、セカンダリ端末（WindowsPC、Android™ 端末、iOS 端末）に表示できるようになる。セカンダリ端末の画面はプライマリ端末のサブモニタとなり、たとえばプライマリ端末で実行しているソフトウェアのウィンドウなどが表示できる。

spacedesk を使うには、プライマリ端末に「spacedesk DRIVER」をインストールする必要がある（図3-16）。また、セカンダリ端末に「spacedesk VIEWER」（WindowsPC）や、iOS や Android™ 端末向けのアプリをインストールせねばならない。そのようにインストールが終了したならば、セカンダリ端末から spacedesk を起動

図3-16　spacedesk ダウンロードページ

図3-17　spacedesk タブレット端末での実行画面

すれば，同じローカルネットワーク上にあるプライマリ端末のIPアドレスが表示される（図3-17）。このIPアドレスを選択すれば，セカンダリ端末がプライマリ端末のサブモニタとして認識され，プライマリ端末の画面がセカンダリ端末に表示される。

　初めて起動したときには，セカンダリ端末には，プライマリ端末の画面が複製して表示されているかもしれない。この場合，プライマリ端末の「表示」から「拡張」を選べば，セカンダリ端末の画面はプライマリ端末のサブモニタとして，プライマリ端末の画面とは別の表示ができるようになる。

　このようにローカルネットワークを通じて画面を共有できることで，画面をプロジェクタなどでスクリーンに投影しながら，PCを自由に移動できるようになる。たとえば，タブレットPCを持って教室内を巡回しながら，画面共有した端末をプロジェクタに接続して，タブレットPCからスライドをスクリーンに投影できる。この場合，スクリーンに投影されている画面はタブレットPCで操作できるので，教室のどこにいてもスライドや画面を操作できる。タブレットPCにカメラがあるならば，カメラからの映像をスクリーンに投影でき，Wi-Fiの届く範囲であれば映像の簡易生中継ができる。

（3）カメラ画像・マイク音声の共有

　ローカルネットワークを構築することで，上記のように画面が共有できるだけでなく，タブレット端末をPCのカメラやマイクにできる。このようなことを実現するアプリは数多くあり，価格や機能に違いがあるので，好みのものを選べばよい（「スマホをウェブカ

図3-18　DroidCamX

メラにする方法」を探せば，類似のアプリ
が複数見つかる）。ここでは，iOS・An-
droid™アプリ「DroidCam」（Android™に
は有料版があり，「DroidCamX」：約5.5ド
ル）（図3-18）をとりあげる。

　タブレット端末への DroidCam のインス
トールは App Store や Google Play から行
える。そのうえで，PC にクライアントソ
フトウェアをインストールせねばならな
い。Dev47apps のウェブサイト[9]へ行き，
「Download Windows Client」からクライ
アントをダウンロードしてインストールす
る。クライアントを起動すると，図3-19
のような画面になる。タブレット端末の
DroidCam アプリを起動すると，その端末
の IP アドレスが画面上に表示される（図
3-20）ので，この IP アドレスを PC の
DroidCam クライアントに入力すれば，タ
ブレット端末のカメラとマイクが PC に接
続され入力が開始される。

　DroidCam（あるいはその他の仮想カメ
ラ）は，PC 標準のカメラアプリでは認識
できないようである。そのため，これらの
アプリからの映像を活用する場合には，別

図3-19　DroidCam
　　　　Client 実行画面

図3-20　DroidCamX
　　　　Android™
　　　　アプリ実行画面

のソフトウェアを経由する必要がある。Zoom や Microsoft Teams な
ど，オンライン会議のソフトウェアが，ローカルネットワークを経由し

たカメラ映像やマイク音声の入力に対応しているので，そういったもの
を用いればカメラ映像をPCにて再生できる。あるいは，（株）ネット
ビジョンの公開するフリーソフト「NVCap」[10]などでも，同様にカメラ
映像の再生が可能である。

（4）ファイルの共有

　ローカルネットワークを構築すれば，端末間でファイルも共有でき
る。WindowsPCには同じネットワークに属するPCとファイルやフォ
ルダを共有する機能が標準で用意されているが，扱いが難しい（特に，
WindowsPC以外の端末も含めてファイルを共有する場合には難しい）
ため，ローカルネットワーク上でのファイルの共有には，そのためのソ
フトウェアを用いるほうがよい。そのひとつとして「Resilio Sync」[11]を
挙げる。

　Resilio SyncはPC内のフォルダを，別のデバイスのフォルダと同期
できるソフトウェアである。ピアツーピア通信を用いることで中継サー
バを必要とせず，ローカルネットワーク上で高速なファイルの転送を行
える。Resilio SyncはさまざまなOSに対応しており，iOS端末やAn-
droid™端末とも同じようにファイルをやり取りできる。多くの端末が
あって，その中でのファイルのやり取りをしたい場合に，有効なソフト
ウェアである。

　Resilio Syncの基本機能は個人で使う場合は無料で使用できるが，商
用で使う場合は料金を支払う必要がある（30ドル／月より）。Resilio
Syncのダウンロードやインストールは，PCはウェブページから，
iOS・Android™端末はApp StoreやGoogle Playから可能である。Kin-
dle Fireなどの端末の場合，Amazonアプリストアからもインストール
できる。

　ダウンロードとインストールが
終了し，Resilio Sync が起動した
ならば，まずひとつの PC でフォ
ルダをひとつ用意せねばならな
い。このフォルダが，Resilio Sync
で共有するファイルを格納するフ
ォルダになる。フォルダが用意で
きたならば，Resilio Sync 左側上
部にある「+」のボタンをクリッ
クし，「標準フォルダ」を選択す

**図3-21　Resilio Sync 標準フォ
ルダ選択**

る（図3-21）。そうすればフォルダ選択のウィンドウが表示されるの
で，先ほど用意したフォルダを指定すればよい。Resilio Sync のウィン
ドウにフォルダが表示され，準備ができる。この段階ではまだ誰もこの
フォルダへのアクセスを持っていないため，「オンライン中のピア」は
「0の0」と表示される。
　この状態で，フォルダを選択すると右側に表示される「共有」ボタン
をクリックする（図3-22）と，共有の設定が表示できる。PC に共有
設定したい場合には「キー」または「リンク」を使う。モバイルアプリ

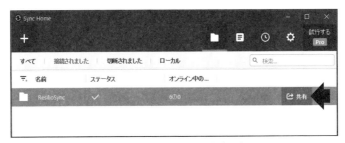

図3-22　Resilio Sync 共有ボタン

をインストールした端末に共有設定したい
場合には，「QRコード」が簡便である。
このように設定値を表示させたうえで，ア
クセスしたい端末の設定を行う。

　モバイルアプリ（図3-23）の場合，「＋」
のアイコンをタップしたうえで，「QRコ
ードを読み取る」を選択し，元のPC画面
に表示されているQRコードをスキャンす
ればよい。QRコードが認識されれば，モ
バイルアプリにPCのフォルダが設定さ
れ，同期の準備が整う。

図3-23　Resilio Sync
Android™
アプリ実行画面

　アクセスしたい端末がPCの場合，左上
の「＋」をクリックしたうえで，「キーま
たはリンクを入力する」を選択
（図3-24）すれば，キーを入力
できるテキストボックスが現れ
る。このテキストボックスに，元
のPC画面に表示されているキー
を間違えないように入力して「次
へ」をクリックすれば，元のPC
のフォルダが設定され，同期の準
備が整う。

図3-24　Resilio Sync キーまたは
リンクを入力する選択

　同期の準備ができれば，各端末
での「オンライン中のピア」が，
たとえば「2の2」などになり，同期のために接続していることが示さ
れる。そのフォルダでファイルを追加，修正，削除等すれば，同期して

いる各端末のファイルが即時に同期される。同期はローカルネットワークに接続しており，Resilio Sync が起動しているだけで行われる。インターネットへの接続は不要である。

（5）双方向での音声の送受信（トランシーバー）

　ローカルネットワークでできることの最後に，双方向での音声の送受信を挙げる。タブレット端末にアプリをインストールすることでトランシーバーにできるものである。この場合，双方向通信するには基本的にすべての端末に同じアプリがインストールされていなければならず，iOS 端末と Android™ 端末が混在していると選択肢が狭まる。アプリによって，1対1の通信のみに限定されているものと，1対多の通信が可能なものがある。無料で使えるものとして，iOS アプリ「トランシーバー WalkieTalkieBaby」（図3-25左），Android™ アプリ「Slide2Talk」

図3-25　トランシーバーアプリの例

（図 3 -25右）を挙げておく。

　通常，ローカルネットワークはそれほど広い範囲をカバーできないので，音声を届けたいだけであれば大声で叫んだほうが簡単かもしれない。しかし，大きな声を出すと周りに迷惑になる場合もあろう。あるいは学校内が同じローカルネットワーク内にあるのであれば，たとえば図書室と教室で会話したり，運動場と校舎内で意思疎通したりできる。GIGA スクール構想の中で端末が大量に学校内に用意され，それぞれがネットワークに接続されるようになるならば，これまでのあり方にとらわれない端末の活用方法も考えられるであろう。

学習課題

1．Windows10 のモバイルホットスポットや Android™ 端末のテザリングなどを使ってローカルネットワークを作り，端末を接続してみよう。接続した端末それぞれの IP アドレスがどうなっているかを確認しよう。
2．可能であればローカルネットワークで機能を果たすアプリを端末にインストールして，どのように動くのか確かめてみよう。

〉〉注記

　以下の注記について，URL はすべて2021年 3 月29日に確認した。
1)　ただし，この約43億通りの中には，直接インターネットに接続しないことが

規定されているものがあり，実際にインターネット上に存在できるアドレスの数はもっと少ない。

2) たとえば，米国標準技術局が標準暗号として採用している「AES」がある。

3) ループバックデバイスと，Windows PowerShell スクリプトを用いる。複雑であるためおすすめはしない。必要な場合，以下を参照すればよい。

"Turn on Windows Mobile hotspot without Internet or use Loopback adapter only." Stack Exchange.

https://superuser.com/questions/1546935/turn-on-windows-mobile-hotspot-without-internet-or-use-loopback-adapter-only

4) ただし Wi-Fi に用いられている規格のうち 5GHz の電波を用いるものの一部は，その使用が屋内に限られており，屋外で使用すると電波法違反になる。モバイル無線 LAN ルータは屋外利用が想定されているためほぼ問題ないが，Wi-Fi 中継器を屋外で使用するときは注意する必要がある。

5) "超薄型 11ac 2x2 中継器 -WTC-1167US-B". ELECOM.

https://www.elecom.co.jp/products/WTC-1167US-B.html

6) "Download Microsoft Garage Mouse without Borders from Official Microsoft Download Center". Microsoft.

https://www.microsoft.com/en-us/download/details.aspx?id=35460

7) "Barcode to PC : Wi-Fi scanner app". Barcode to PC.

https://barcodetopc.com/

8) "spacedesk | Multi Monitor App". Datronicsoft.

https://spacedesk.net/

9) "Dev47apps". https://www.dev47apps.com/

10) "(株) ネットビジョン アップデートデータ". 株式会社ネットビジョン.

https://www.net-vision.co.jp/support/update.html

11) "File Sync Software-Sync Home-Resilio Sync". Resilio.

https://www.resilio.com/individuals/

＊図3-9〜11，14はマイクロソフトの許諾を得て使用しています。

4 | 多様化する情報メディアと選択方法

田嶋知宏

《目標&ポイント》 学校図書館は，情報メディアの多様化に対応した存在へと変化していくことが期待されている。しかし，その活用は十分なされているとは言い難い状況にある。学習指導要領に示された情報コンテンツや情報メディアを踏まえつつ，選択していくための手がかりを確認する。
《キーワード》 情報メディア，情報コンテンツ，学習指導要領

1. 学校図書館で扱う情報メディア

　学校図書館では，多様な情報メディアを扱うことが想定されてきた。その情報メディアを児童生徒は，自由に使いこなすことによって，教育課程で設定された学習課題に問いを見出して，解決の方策を探ったり，問いに対する自己の考えを形成したりすることが可能となる。さらには，児童生徒が自己の興味・関心に応じて主体的に学習内容に気づき，その背景を探ったり，新たな知見を得ていったりする際にも学校図書館の多様な情報メディアが役立つと期待される。

　このような学校図書館に期待されている役割を最大限に果たすことができるようにするには，学校図書館で扱うと想定されている情報メディアの特徴を踏まえたうえで，選択をするためのポイントを抑えておく必要がある。

　まず，学校図書館で扱われると想定されている情報メディアについて，学校図書館法2条では「図書，視覚聴覚教育の資料その他学校教育

に必要な資料（以下「図書館資料」という。）」と学校教育に必要な資料として範囲づけるのみで，情報メディアの形態などの限定はされていない。それでは，学校教育に必要な資料とはどのようなものであろうか。それを確認するために，学校教育の内容を示している学習指導要領を参考にすることができる。

2.　学習指導要領に示された情報メディアと学校図書館

　小学校から高等学校の学習指導要領の総則「教育課程の実施と学習評価」の「1　主体的・対話的で深い学びの実現に向けた授業改善」において，各教科・科目等の指導に当たって留意すべき事項として，情報メディアの活用（表4-1）及び学校図書館の活用（表4-2）に関連する次の内容が共通して挙げられている。

表4-1　情報メディアの活用に関連する項目（傍線は筆者）

　情報活用能力の育成を図るため，各学校において，コンピュータや情報通信ネットワークなどの情報手段を活用するために必要な環境を整え，これらを適切に活用した学習活動の充実を図ること。また，各種の統計資料や新聞，視聴覚教材や教育機器などの教材・教具の適切な活用を図ること。

表4-2　学校図書館の活用に関連する項目（傍線は筆者）

　学校図書館を計画的に利用しその機能の活用を図り，児童（生徒）の主体的・対話的で深い学びの実現に向けた授業改善に生かすとともに，生徒の自主的，自発的な学習活動や読書活動を充実すること。また，地域の図書館や博物館，美術館，劇場，音楽堂等の施設の活用を積極的に図り，資料を活用した情報の収集や鑑賞等の学習活動を充実すること。

また，各学習指導要領[1] から情報コンテンツや情報メディアを示す表現を抜き出して整理すると次のようになる（表4-3〜表4-5）。

表4-3　小学校学習指導要領に示された主な主題及び情報コンテンツや情報メディア（傍線は筆者）

教科	主な主題及び情報コンテンツ	主な情報メディア
国語	・いろいろな	<u>本</u>があることを知ること
	・物語などを読んだり ・詩や物語などを読み ・詩や物語，伝記などを読み ・記録や報告などの文章を読み	明示なし
	・科学的なことについて書いた	<u>図鑑</u>や<u>本</u>などを読み
	・複数の	<u>本</u>や<u>新聞</u>などを活用して，調べ
	・話や文章に含まれている情報 ・文字や語句	<u>辞書</u>や<u>事典</u>の使い方を理解し使う <u>辞書</u>や<u>事典</u>を利用して調べる
社会	・身近な地域や市区町村の様子 ・地域に見られる生産や販売の仕事 ・地域の安全を守る働き ・身近な地域や市町村の様子の移り変わり ・人々の健康や生活環境を支える事業 ・県内の伝統や文化，先人の働き	<u>地図などの資料</u>で調べ
	・都道府県の様子 ・県内の特色ある地域の様子 ・我が国の国土の自然環境と国民生活との関連	<u>地図帳</u>や<u>各種の資料</u>で調べ
	・自然災害から人々を守る活動	<u>地図</u>や<u>年表</u>などの<u>資料</u>で調べ

	・我が国の国土の様子と国民生活 ・我が国の農業や水産業における 　食糧生産 ・我が国の工業生産 ・グローバル化する世界と日本の 　役割	<u>地図帳</u>や<u>地球儀</u>，<u>各種の資料</u>で調べ
	・我が国の産業と情報との関わり	<u>映像</u>や<u>新聞</u>などの<u>各種資料</u>で調べ
	・我が国の政治の働き	各種の資料で調べ
	・我が国の歴史上の主な事象	遺跡や文化財，<u>地図</u>や<u>年表</u>などの<u>資料</u>で調べ
算数	目的に応じてデータを収集し	明示なし
	データの活用	<u>資料</u>を調べる
理科	気象情報	<u>映像</u>など
音楽	限定なし	<u>楽譜</u>を見たりして歌う（演奏する）
	我が国や郷土の音楽	<u>音源</u>や<u>楽譜</u>（表現や鑑賞）
図工	美術	<u>作品</u>（鑑賞）
	限定なし	<u>コンピュータ</u>，<u>カメラ</u>などの<u>情報機器</u>（鑑賞の活動で使う用具の一つ）
家庭	限定なし（全般にわたる）	<u>コンピュータ</u>や<u>情報通信ネットワーク</u>（情報の収集・整理や，実践結果の発表などを行う）
体育	限定なし（全般にわたる）	<u>コンピュータ</u>や<u>情報通信ネットワーク</u>（各領域の特質に応じた学習活動）
外国語	限定なし（全般にわたる）	<u>視聴覚教材</u>や<u>コンピュータ</u>，情報通信ネットワーク，教育機器など
総合的な学習の時間	限定なし	<u>コンピュータ</u>や<u>情報通信ネットワーク</u>など（情報を収集・整理・発信するなどの学習活動）

表4-4 中学校学習指導要領に示された主な主題及び情報コンテンツや情報メディア（傍線は筆者）

教科	主な主題及び情報コンテンツ	主な情報メディア
国語	・目的や意図に応じて，日常生活の中から題材を決め	<u>本</u>や<u>資料</u>から文章や図表などを引用
	・小説や随筆などを読み ・詩歌や小説などを読み ・詩や物語，伝記などを読み ・説明や記録などの文章 ・論説や報道などの文章 ・実用的な文章 ・記録や報告などの文章を読み	明示なし
	・多様な情報	（学校図書館などを利用）
	・限定なし	<u>本</u>や<u>新聞</u>，<u>インターネット</u>などから集めた情報を活用
社会	・地理に関する様々な情報 ・歴史に関する様々な情報 ・歴史に関わる事象についての様々な情報	<u>諸資料</u>から…調べ <u>諸資料</u>から…調べ <u>諸資料</u>から…効果的に収集 ＊<u>年表</u>，<u>文献</u>，<u>図版</u>，<u>地図</u>の例示
	・身近な地域の歴史	<u>諸資料</u>を活用して
	・世界と日本の地域構成	<u>地球儀</u>や<u>地図</u>を積極的に活用し
	・日本の様々な地域	<u>文献</u>調査 <u>地図</u>や<u>諸資料</u>を有効に活用して
	・限定なし	情報の収集（学校図書館…を活用する）
		<u>コンピュータ</u>や<u>情報通信ネットワーク</u>などの<u>情報手段</u>を積極的に活用
	・社会的事象に関する様々な情報	<u>地図</u>や<u>年表</u>を読んだり <u>新聞</u>，<u>読み物</u>，<u>統計</u>その他の資料

数学	・目的に応じてデータを収集し	明示なし
	・（各領域）限定なし	<u>コンピュータ</u>，<u>情報通信ネットワーク</u>などの<u>情報手段</u>を適切に活用し，学習の効果を高める
	・限定なし	（コンピュータなどの情報手段を用いるなどしてデータを整理）
理科	・火山の形，活動の様子及びその噴出物を調べ ・地震の体験や記録	明示なし
	・自然がもたらす恵み及び火山災害と地震災害について調べ ・気象現象がもたらす恵みと気象災害について調べ	<u>記録</u>や<u>資料</u>などを用いて調べる
	・日本の気象	<u>天気図</u>や<u>気象衛星画像</u>などから，…理解する
	・大気の動きと海洋の影響	<u>気象衛星画像</u>や<u>調査記録</u>などから，理解する
	・自然環境の調査と環境保全 ・地域の自然災害	<u>記録</u>や<u>資料</u>を基に調べ
	・各分野（限定なし）	観察，実験の過程での情報の検索…などにおいて，<u>コンピュータ</u>や<u>情報通信ネットワーク</u>などを積極的かつ適切に活用する
音楽	・限定なし	主体的に学習に取り組んだりすることができるようにするため，<u>コンピュータ</u>や<u>教育機器</u>を効果的に活用
	・我が国や郷土の伝統音楽を含む我が国及び諸外国の様々な音楽	<u>鑑賞教材</u>
美術	・美術作品	学校図書館等における<u>鑑賞用図書</u>，<u>映像資料</u>等の活用を図る

	・限定なし	（美術の表現の可能性を広げるために，写真・ビデオ・コンピュータ等の<u>映像メディア</u>の積極的な活用を図る）
保健体育	・限定なし	<u>コンピュータ</u>や<u>情報通信ネットワーク</u>などの<u>情報手段</u>を積極的に活用
技術・家庭	・物資・サービスの選択に必要な情報の収集	明示なし
	・限定なし	<u>コンピュータ</u>や<u>情報通信ネットワーク</u>を積極的に活用して，実習等における情報の収集
外国語	・教材の内容などに応じて，	<u>視聴覚教材</u>や<u>コンピュータ，情報通信ネットワーク，教育機器</u>などを有効活用し
総合的な学習の時間	・限定なし	<u>コンピュータ</u>や<u>情報通信ネットワーク</u>などを適切かつ効果的に活用して，情報を収集・整理・発信するなどの学習活動が行われる

表4-5　高等学校学習指導要領に示された主な主題及び情報コンテンツや情報メディア（傍線は筆者）

教科	主な主題及び情報コンテンツ	主な情報メディア
国語	・実社会の中から適切な話題を決め，様々な観点から情報を収集 ・古典から受け継がれてきた詩歌や芸能の題材，内容，表現の技法などについて調べ ・実社会や学術的な学習の基礎に関する事柄について，書き手の立場や論点などの様々な観点から情報を収集	明示なし

・実社会の問題や自分に関わる事柄の中から話題を決め，他者との多様な交流を想定しながら情報を収集 ・古典の作品や文章を読み，その内容や形式などに関して興味をもったことや疑問に感じたことについて，調べ	
・論理的な文章や実用的な文章を読み ・異なる形式で書かれた複数の文章や，図表等を伴う文章を読み ・我が国の伝統や文化について書かれた解説や評論，随筆などを読み ・異なる時代に成立した随筆や小説，物語などを読み比べ ・和歌や俳句などを読み ・社会的な話題について書かれた論説文やその関連資料を読み ・学術的な学習の基礎に関する事柄について書かれた短い論文を読み ・同じ事柄について異なる論点をもつ複数の文章を読み比べ ・古典などを読み	明示なし
・設定した題材	多様な<u>資料</u>を集め
・関心をもった事柄について ・作品に関連のある事柄について ・古典の作品に関連のある事柄	様々な<u>資料</u>を調べ
・報道や記録	<u>映像</u>などを見たり，聞いたり
・限定なし	<u>コンピュータ</u>や<u>情報通信ネットワーク</u>を積極的に活用する機会を設けるなどして，指導の効果を高める

地理歴史	・地理に関する様々な情報	<u>地図</u>や<u>地理情報システム</u>などを用いて，<u>調査</u>や<u>諸資料</u>から…を適切かつ効果的に調べ
	・様々な自然災害 ・各種の地理情報について	<u>ハザードマップ</u>や<u>新旧地形図</u>…その情報を<u>収集</u>し
	・地理情報の収集・分析には	<u>地図</u>や<u>統計</u>など <u>地理情報システム</u>や<u>情報通信ネットワーク</u>などの活用
	・「日常生活の中で見られる様々な地図」について	観察や<u>調査</u>，<u>統計</u>，<u>画像</u>，<u>文献</u>などの地理情報の収集
	・（地理探究） ・（歴史総合：近現代の歴史） ・（日本史探究） ・（世界史探究） 　　　　課題を探究する活動	<u>諸資料</u>の収集 <u>諸資料</u>を活用し <u>諸資料</u>から…調べ
	・歴史に関わる情報	<u>歴史資料</u>を基に…情報を<u>収集</u>し ＊デジタル化された<u>資料</u>
	・日本や世界の様々な地域の人々の歴史的な営み	<u>遺物</u>，<u>文書</u>，<u>図像</u>などの<u>資料</u>を活用し
	・（歴史総合：近現代の歴史） ・（日本史探究） ・（世界史探究）	<u>年表</u>や<u>地図</u>，<u>その他の資料</u>を積極的に活用し
	・原始・古代の日本と東アジア	<u>遺構</u>や<u>遺物</u>，<u>編纂された歴史書</u>，<u>公家の日記</u>などの<u>資料</u>や，<u>それらを基に作成された資料</u>
	・中世の日本と世界	<u>武家</u>，<u>公家</u>，<u>幕府や寺社の記録</u>，<u>絵画</u>などの<u>資料</u>や，<u>それらを基に作成された資料</u>
	・近世の日本と世界	<u>幕府や藩の法令</u>，地域に残る<u>村方（地方）・町方文書</u>，<u>浮世絵</u>などの<u>絵画</u>や<u>出版物</u>などの<u>資料</u>や，<u>それらを基に作成された資料</u>

	・諸地域の歴史的特質の形成	遺物や碑文，歴史書，年表や地図などの資料
	・諸地域の交流・再編	遺物や碑文，旅行記や歴史書，年表や地図などの資料
	・諸地域の結合・変容	公文書や手紙・日記，歴史書，芸術作品や風刺画，写真や映像，統計，年表や地図などの資料
	・社会的事象に関する様々な情報	諸資料から，…収集し ＊地図や年表，関連する各種の統計，年鑑，白書，画像，新聞，読み物，その他の資料
	・限定なし（情報の収集）	学校図書館や地域の公共施設などを活用 コンピュータや情報通信ネットワークなどの情報手段を積極的に活用
公民	・限定なし	諸資料から…情報を調べ
	・社会的事象等に関する様々な情報	諸資料から，…収集し ＊関連する各種の統計，年鑑，白書，新聞，読み物，地図その他の資料
	・限定なし（情報の収集）	学校図書館や地域の公共施設などを活用 コンピュータや情報通信ネットワークなどの情報手段を積極的に活用
数学	・目的に応じて複数の種類のデータを収集し	明示なし
理科	・惑星（万有引力） ・大気に関する ・海洋に関する ・太陽系天体に関する ・銀河系に関する ・銀河について	観測資料

・生物とエネルギーに関する	資料に基づいて…理解する
・DNA の構造に関する	
・遺伝情報の発現に関する	
・体内環境の維持の仕組みに関する	
・免疫に関する	
・植生の遷移に関する	
・生態系のバランスに関する	
・生命の起源と細胞の進化に関する	
・遺伝子の変化に関する	
・交配実験の結果など	
・霊長類に関する	
・生体物質と細胞に関する	
・呼吸に関する	
・光合成に関する	
・DNA の複製に関する	
・遺伝子の発現に関する	
・遺伝子の発現調節に関する	
・発生に関わる遺伝子の発現に関する	
・(動物の) 刺激の受容と反応に関する	
・動物の行動に関する	
・(生物) 個体群間の相互作用に関する	
・生態系と人間生活に関する	
・火山活動や地震に関する	
・気圧や気温の鉛直方向の変化など	
・大気と海水の運動に関する	
・地球環境の変化	
・地球規模の自然環境に関する	
・地球楕円体や地球表面における重力に関する	
・地震波の伝わり方	
・世界の震源分布について	
・大気，海洋，大陸及び古生物などの変遷に関する	
・日本列島の地形や地質に関する	

	・限定なし（情報の収集）	<u>コンピュータ</u>や<u>情報通信ネットワーク</u>などを積極的かつ適切に活用
保健体育	・限定なし	<u>コンピュータ</u>や<u>情報通信ネットワーク</u>などを適切に活用し，学習の効果を高める
芸術	・我が国や郷土の伝統音楽を含む我が国及び諸外国の様々な音楽 ・アジア地域の諸民族の音楽	<u>鑑賞の教材</u>
	・日本及び諸外国の美術作品や文化遺産	
	・工芸作品や文化遺産	
	・限定なし（「A表現」及び「B鑑賞」の指導に当たって）	学校図書館を活用 <u>コンピュータ</u>や<u>情報通信ネットワーク</u>を積極的に活用して，表現及び鑑賞の学習の充実
外国語	・日常的な話題や社会的な話題	ニュースや新聞記事などの複数の<u>資料</u>を活用して
	・日常的な話題について，インタビューやニュースなどから必要な情報を聞き取り 新聞記事や物語などから必要な情報を読み取り	・明示なし（音声メディア） ・明示なし（テキストメディア）
	・社会的な話題について，複数のニュースや講演などから話の展開に注意しながら必要な情報を聞き取り 複数の論証文や記録文などから文章の展開に注意しながら課題を解決するために必要な情報を読み取り	・明示なし（音声メディア） ・明示なし（テキストメディア）
	・限定なし	<u>視聴覚教材</u>や<u>コンピュータ</u>，<u>情報通信ネットワーク</u>，<u>教育機器</u>などを有効活用し

家庭	・自立した生活を営むために必要な情報の収集 ・健康で快適な衣生活に必要な情報の収集 ・生活情報を適切に収集（消費生活） ・快適で安全な住空間を計画するために必要な情報を収集 ・生涯を見通した生活における経済の管理や計画，リスク管理の考え方について…情報の収集	明示なし
	・限定なし	コンピュータや情報通信ネットワークなどの活用を図り，学習の効果を高める
情報	・目的に応じた適切なデータの収集	明示なし
	・限定なし	コンピュータや情報通信ネットワークなどを活用した実習
理数	・限定なし	コンピュータや情報通信ネットワークなどを…活用
総合的な学習の時間	・限定なし	学校図書館の活用 コンピュータや情報通信ネットワークなどを…活用

　学習指導要領を参照すると学校図書館にある情報メディアと関連付けた記述は，数少ないものの国語科や社会科でみられる。例えば，小学校国語科において「学校図書館などを利用し，図鑑や科学的なことについて書いた本などを読み，分かったことなどを説明する活動」や「学校図書館などを利用し，事典や図鑑などから情報を得て，分かったことなど

をまとめて説明する活動」，「学校図書館などを利用し，複数の本や新聞などを活用して，調べたり考えたりしたことを報告する活動」などとして，学校図書館を活用した学習活動と関連付けられている。

　多くの場合，学習指導要領では情報やデータを収集する文脈において学校図書館の活用に言及している。例えば，小学校社会科では「学校図書館や公共図書館，コンピュータなどを活用して，情報の収集やまとめなどを行うようにすること」，総合的な学習の時間では「学校図書館の活用」と情報を収集する手段のひとつとして，学校図書館が挙げられている。だが，どのような情報メディアを活用するのかについては具体的な明示がされていない。同様に，中学校国語科の「学校図書館などを利用し，多様な情報を得て，考えたことなどを報告したり資料にまとめたりする活動」や中学校社会科の「情報の収集，処理や発表などに当たっては，学校図書館や地域の公共施設などを活用するとともに，コンピュータや情報通信ネットワーク（インターネット）などの情報手段を積極的に活用し，指導に生かすことで，生徒が主体的に調べ分かろうとして学習に取り組めるようにすること」などにも示されている。

　なお，特別支援学校については，障害の状態や特性及び心身の発達段階を考慮することを前提に，学習指導要領において次のような情報メディアへの言及がみられる[2]。

　視覚障害者である児童（生徒）については「視覚補助具やコンピュータ等の情報機器，触覚教材，拡大教材及び音声教材等各種教材の効果的な活用を通して，児童が容易に情報を収集・整理し，主体的な学習ができるようにする」こと，聴覚障害者である児童（生徒）については「視覚的に情報を獲得しやすい教材・教具やその活用方法等を工夫するとともに，コンピュータ等の情報機器などを有効に活用」すること，肢体不自由者である児童（生徒）については「コンピュータ等の情報機器など

を有効に活用」すること，病弱者である児童（生徒）については「身体活動の制限や認知の特性，学習環境等に応じて，教材・教具や入力支援機器等の補助用具を工夫するとともに，コンピュータ等の情報機器などを有効に活用」することと，障害に対応した情報メディアの活用を大まかに示す書きぶりとなっている。

　また，教育課程の内容を示す各校種の学習指導要領の総則において，「コンピュータや情報通信ネットワーク」，「統計資料や新聞，視聴覚教材や教育機器」のように具体的な情報メディアへの言及がみられるものと，「～などの資料」のように情報メディアに含まれる"～"の部分で具体的な情報コンテンツに言及するものとが混在している。

　他方，各教科では，情報メディアへの言及がそれほどみられず，「コンピュータや情報通信ネットワーク」に再言及するほかは，「資料」という表現で具体的な情報メディアへの言及がないものもみられる。次節でこの"～"で示された情報コンテンツを含む情報メディアに沿うとする「資料」について『学校図書館ガイドライン』を参照しながら具体的に確認する。

3.　学校図書館で扱う資料としての情報メディア

　学校図書館法において学校教育に必要な資料として示された情報メディアについて，より具体的に示しているのが，文部科学省『学校図書館ガイドライン』である。『学校図書館ガイドライン』では，「図書館資料」として，情報メディアの種類を次のように列挙している[3]。

> ・学校図書館の図書館資料には，図書資料のほか，雑誌，新聞，視
> 聴覚資料（CD，DVD等），電子資料（CD-ROM，ネットワーク情
> 報資源（ネットワークを介して得られる情報コンテンツ）等），フ
> ァイル資料，パンフレット，自校独自の資料，模型等の図書以外の
> 資料が含まれる。

　さらに『学校図書館ガイドライン』では，「図書館資料」としていく
つかの情報メディアに言及している（傍線は筆者）。

> ・小学校英語を含め，とりわけ外国語教育においては特に音声等の
> 教材に，理科等の他の教科においては動画等の教材に学習上の効果
> が見込まれることから，教育課程の展開に寄与する<u>デジタル教材</u>を
> 図書館資料として充実するよう努めることが望ましい。
>
> ・発達障害を含む障害のある児童生徒や日本語能力に応じた支援を
> 必要とする児童生徒の自立や社会参画に向けた主体的な取組を支援
> する観点から，児童生徒一人一人の教育的ニーズに応じた様々な形
> 態の図書館資料を充実するよう努めることが望ましい。例えば，<u>点
> 字図書，音声図書，拡大文字図書，LLブック，マルチメディアデ
> イジー図書，外国語による図書，読書補助具，拡大読書器，電子図
> 書</u>等の整備も有効である。

　情報メディアの使い分けを考える前提として，学校図書館で扱うその
選択肢となりうる情報メディアはこのようにひとつのパッケージ化され

たモノとして，もしくはひとまとまりのデータのような存在として，多様に捉えられていることを確認しておきたい。

　現在，同じ内容の情報コンテンツが異なる情報メディアで利用できる機会も増加している。日常的に何か情報を探そうとする場合に，多くの人は知りたいとする内容を含む情報コンテンツを探そうと試み，情報メディアの種類の選択を通して探そうと試みることは例外的であろう。

4. 情報コンテンツを選択する手がかり

　われわれは，ある情報を探したい場合に，情報の主題（テーマ）とともに，この情報コンテンツを構成する要素を（自覚的かどうかは別として）イメージし，それを手がかりとして探している。例えば，日本の人口（数）を知りたい場合であれば，人口を主題とする情報のうち日本に関するものと限定し，統計データからなる情報コンテンツをイメージし，数値が含まれる情報メディアを選択することになる。決して，映像，地図や模型のような情報メディアから選択し始める人は多くないであろう。

　何らかの内容を含む情報コンテンツは，表記の仕方，字体などの情報を求める場合に対応する文字という要素，言葉の意味，語例（言葉の使い方）などの情報を求める場合に対応する単語という要素，記録，解説，評論，文学作品などの情報を求める場合に対応する文章という要素，統計データのような数字で表される情報を求める場合に対応する数値という要素，図，写真，画像，地図，模型などの情報を求める場合に対応する形状・状態という要素，動画，映像，コマ割り図などの情報を求める場合に対応する動き，声，発音，朗読，講演，音楽などの情報を求める場合に対応する音という要素などから構成されている（表4−

表4-6　求める情報の特徴と主に対応する情報コンテンツの要素

求める情報の特徴	対応する要素	パッケージ化されたコンテンツ
表記の仕方，字体などの情報を求める場合	文字	字典
言葉の意味，使い方（語例）などの情報を求める場合	単語	辞書・辞典
事実，記録，解説	文章	事典，便覧，解説書，記事，ニュース番組
評論，文学などの情報を求める場合	文章	作品，作品集
統計データのような数字で表される情報を求める場合	数値	統計書，データブック
図，写真，画像，地図，模型などの情報を求める場合	形状・状態	地図（地図帳），地球儀，図録，図集，写真集，模型
動画，映像，コマ割り図などの情報を求める場合	動き	映像番組，映像作品，絵コンテ
声，発音，朗読，講演，音楽などの情報を求める場合	音	音楽作品，朗読作品，講演，楽譜

＊パッケージ化された情報コンテンツは，冊子のような紙媒体・インターネット上のウェブサイトやデータベースのような電子的な媒体のどちらでも提供されている可能性がある。

6）。もちろん，ここに挙げた以外にも，数式やコンピュータプログラムなども求める情報とすることができ，対応する要素を数式やソースのように細分して捉えることも可能である。

　情報コンテンツについて言えば，必ずしもひとつの情報メディアがひとつの情報コンテンツの要素から成り立つわけではない。文章のみで構

成される冊子体の図書のようにひとつの情報コンテンツにひとつの要素を含む場合もあれば，映像と音楽から構成される映画作品のように複数の要素を含む情報コンテンツも存在するのである。ただし，求める情報の点からすれば，複数の要素を含む情報コンテンツの場合，優先的に求められる情報の特徴となる要素に応じて選択されることになる。

　情報メディアは，情報を発信する手段でもある。同じ内容を別の情報メディアを用いて発信することも可能である。例えば，夏目漱石の『坊ちゃん』や森鴎外の『舞姫』といった文学作品は，紙媒体の図書もあれば，電子媒体の図書も存在する。さらに，朗読のような音声メディアとなったものや映画のような映像メディアも存在する。どのような情報メディアで発信されているのかによって情報の扱い方や得やすさに違いが生じることもある。

　また現在，インターネットにつながるモノの数は急速に増えつつあり，今後はあらゆるものがネットにつながることが予想されている。そうしたつながりは，児童生徒にとって新たな知見の獲得や，高度な情報提供サービスの提供，多様化した情報メディアとして，学校図書館にもたらされることにつながっていくだろう。多様化された情報メディアの活用方法についても司書教諭は，必要に応じて授業に採り入れる試みを考慮する必要がある。

　学校図書館の情報メディアの活用の推進の役割を担う司書教諭として，メディアの形態，情報の編集，内容，利用目的，科目，更新頻度，学習形態別によっても，状況に応じた使い分けが今後は必要となってくるであろう。求める情報コンテンツによって，情報メディアが選ばれていることを意識しつつ，情報メディアの特徴も踏まえながら，その選択について意識を高めていく必要がある。

学習課題

　学習指導要領を踏まえつつ，ある単元で活用できそうな資料の具体的な名称を調べてみよう。

〉〉注記

1)　文部科学省．"小学校学習指導要領（平成29年3月告示）"．文部科学省．
　　https://www.mext.go.jp/content/1413522_001.pdf，335p.（参照 2020-11-30）．
　　文部科学省．"中学校学習指導要領（平成29年3月告示）"．文部科学省．
　　https://www.mext.go.jp/content/1413522_002.pdf，329p.（参照 2020-11-30）．
　　文部科学省．"高学校学習指導要領（平成30年3月告示）"．文部科学省．
　　https://www.mext.go.jp/content/1384661_6_1_3.pdf，602p.（参照 2020-11-30）．
2)　文部科学省．"特別支援学校幼稚部教育要領小学部・中学部学習指導要領（平成29年4月告示）"．文部科学省．
　　https://www.mext.go.jp/content/20200407-mxt_tokubetu01-100002983_1.pdf，219p.（参照 2020-11-30）．
　　文部科学省．"特別支援学校高等部学習指導要領（平成31年2月告示）"．文部科学省．
　　https://www.mext.go.jp/content/20200619-mxt_tokubetu01-100002983_1.pdf，287p.（参照 2020-11-30）．
3)　文部科学省．"別添1「学校図書館ガイドライン」"．文部科学省．
　　https://www.mext.go.jp/a_menu/shotou/dokusho/link/1380599.htm，（参照 2021-02-08）．

5 │ 文献情報などの収集法

高鍬裕樹

《目標＆ポイント》　学校や学校図書館で活用可能なインターネット情報資源
とその使い方について具体的に紹介する。書誌情報（文献の情報）をはじめ
として，法律情報，統計情報，地図情報など，さまざまなインターネット資
源について紹介する。
《キーワード》　国立国会図書館サーチ（NDL サーチ），Webcat Plus，CiNii
Articles，学術機関リポジトリデータベース（IRDB），法令データ提供シス
テム，総務省統計局，地理院地図

1．一般的原則：インターネット上に存在する情報とは

　現在において人びとは，ごく日常的な行為として，コンピュータやス
マートフォン，タブレット端末を通じてインターネットにアクセスし，
さまざまな情報を手に入れている。インターネットは有用な情報資源で
あり，そのことは学校においてももちろん当てはまる。学校においてイ
ンターネット資源を活用することは，子どもに情報リテラシーを身につ
けさせるうえで重要なことであるといえる。
　ここで注意すべきことは，インターネットの情報の信頼性である。
「インターネットの情報は注意して使わなければならない」とはよく言
われるが，どのように注意すればよいのか。それを考えるためには，イ
ンターネット上の情報が，どのようなかたちで提供されているかを知る
必要がある。

（1）情報の流通にかかるコスト

　インターネットの特徴のひとつは，「情報の流通にかかるコストが，ほとんど無視できるほど低いこと」である。インターネットに接続するためにはもちろん費用がかかるが，ひとたびインターネットに接続すれば，そこから情報を引き出すのにも，そこへ情報を公開するのにも，追加の費用はほぼ必要ない。印刷物などインターネット以外の情報流通においては，作り上げた資料を印刷する費用や，印刷したものを物理的に流通させるための費用がかかる。その費用がまかなえない場合には，そもそも資料が流通することがなかった。すなわち，人びとが購入する可能性の少ない資料は流通を許されず，それは結果として，印刷され流通に載せられた資料が，ある程度の質を保つことにつながったのである。

　インターネット上で流通している情報は，このような「結果としての品質保証」を持たない。インターネットは誰もが何でも，ほとんどコストをかけずに公開できる場であり，従来であれば流通に載らなかった情報も当然のように存在している。そのため，インターネットに存在する情報を活用する場合，その情報が信頼できるものか否かは，情報を利用する側が判断する必要がある。すなわち，インターネットの情報を利用するものは，その情報が信頼のおける情報源から発されたものであるか否かを十分に確認したうえで，情報を利用する必要がある。

（2）コストが回収できない問題

　情報の信頼性に関わるインターネットの特徴としてもうひとつ，「インターネット上での情報提供により利益を上げるしくみが乏しい」ことが挙げられる。印刷物の場合，提供した情報（作り上げた資料）を販売できるしくみが整っており，情報を提供することによって著者が利益を得られる。しかしインターネット上では，電子書籍サイトを通じて販売

したり，アフィリエイトなど広告をつける方法を除けば，自らが提供した情報から利益を得るしくみが整っていない。そのため，インターネット上に提供されている情報は，そのほとんどが「素人が作った情報」か「プロフェッショナルが，利益を出すつもりのない程度の片手間で作った情報」のどちらかとなる。これは，「プロフェッショナルが利益を得るつもりで本気で作ったコンテンツ」が，インターネット上ではほとんど提供されないことを意味する。

国や地方自治体などが構築する情報は，最初から税金によってまかなわれているものであり，コストが回収できなかったとしても問題にはならない。そのため，公の情報は，現在においてはインターネット上に数多く公開されている。しかし，インターネット発達以前に民間が図書などのかたちで刊行していた情報は，現在でも多くのものが図書などのかたちで刊行されており，インターネットで公開されてはいないか，インターネットにおいても有料で公開されている。これは，インターネット上では今のところ情報の提供から利益を出しにくいことによるものであり，現在のインターネット情報の限界といえる。図書の情報とインターネットの情報は相互に補完するものであり，一部を除いて対立するものではない。

2. 図書の文献情報を収集する

本節では図書の探し方について解説する。まず図書を探すための情報として，「主題」を表す情報を見つける方法について述べる。そのうえで，それらの情報を用いて図書を探索するべきサイトを2つ紹介する。

（1）図書を探すための情報を探す

　現在においては，書名や著者名がわかれば，図書を見つけるのは難しくない。より高度であり，また有用であるので知っておいてもらいたいのは，「主題」や「テーマ」から図書を探す方法である。

　一般に，資料を探すときには，「知りたいこと」があるのが普通である。何らかの主題について知識がなく，その点に関して知りたいことがあるために，資料を紐解くことになる。そしてこのような「知りたいこと」の解決に用いる資料は，どのような書名であるかや誰が著者かよりも，その資料が自らの取り組んでいる主題のものであるかのほうが重要である。図書館や書店における図書の並べ方が主題順になっているのは，同じ主題の図書が物理的に近い位置にあることで，より有効に活用できるためである。

　主題を表現するものとして，「分類」と「件名」がある。どちらも図書館では古くから使われているものであり，これらを用いて図書を探すことで，一般によく用いられるキーワード一致とは違うかたちで図書を探せる。

ａ．分類

　日本では，ほとんどの図書館で，日本十進分類法（Nippon Decimal Classification : NDC）により図書が分類配架されている。現在，最新版のNDCは2014年に刊行されたNDC新訂10版（以下，NDC10）であり，2020年には機械可読ファイル（NDC・MRDF10）も有償にて提供されている[1]。しかしながら現在のところ，ウェブなどでNDC10を検索できるサイトは存在しない。また，NDC10を用いて蔵書の配架を行っている図書館もまだ多くはなく，ひとつ前の版であるNDC新訂9版（以下，NDC9）が使われていることが多い。そのため，NDCの検索に

図5-1　日本図書館協会NDCデータ（NDC8版および9版）
　　　　公開サイト

あたっては，現在のところまだNDC9を用いるのが有効である。

　キーワードからNDC9の分類記号を検索できるサイトとして，日本
図書館協会がMetaBridgeを用いて公開しているものがある[2]。また，
NDC Finder[3] や，市川市立図書館の蔵書検索サイト[4] でも公開されてい
る。これらのサイトでNDC9の分類記号を把握したうえで，その分類
記号を用いてNDLオンライン（後述）などを検索していくと，同じ主
題に属する図書をまとめて見つけられる。

b．件名
　「件名」とは資料の主題を表す言葉である。分類記号と件名は，どち

らも資料の内容を表すという点では同じである。しかし，分類記号は記号列であるため内容がわかりにくいが，件名はことばを使うため，内容を理解しやすい。また分類記号はひとつの資料に対して通常ひとつしか付与されないのに対し，件名は複数付与されることが多い。そして，件名として使われる言葉を集め，件名として使われない言葉からの参照を付与したのが「件名標目表」である。

　日本においてよく用いられている件名標目表には，日本図書館協会件名標目委員会が維持管理する「基本件名標目表（Basic Subject Headings：BSH）」と，NDLが維持管理する「国立国会図書館件名標目表（National Diet Library Subject Headings：NDLSH）」がある。これらの件名標目表が統制語として指定する言葉を用いて，「件名」を対象に検索を行うことで，その件名が表す主題に関わる文献を一覧できる。

　BSHもNDLSHも，現在はインターネット上で検索・閲覧できる。BSHを検索できるサイトとしては，「基本件名標目表トピックマップ」[5]

図5-2　基本件名標目表トピックマップ

（図5-2）がある。NDLSH については，NDL 自身の公開している
「Web NDL Authorities」[6] で最新のものが検索可能である。

c．図書紹介・目次

　主題やテーマを表すものではないが，図書を探す際に有用なものをも
うひとつ挙げておきたい。図書の内容紹介を掲載したデータベースとし
て，「BOOK」データベースがある。これは（株）トーハン，日本出版
販売（株），（株）紀伊國屋書店，日外アソシエーツ（株）の4社で共同
構築しているもので，1986年1月から構築を開始した。2020年5月現在
で，約177万件の図書について内容紹介や目次などを掲載している[7]。

　この BOOK データベースの内容を用いて検索できるデータベースが
複数存在し，その代表格が後述する Webcat Plus である。すなわち，
Webcat Plus を用いることで，図書の内容紹介や目次からの検索ができ
る。なお，個別の図書館の OPAC でも BOOK データベースを検索でき
るものがあるが，この場合，その館に所蔵されていない資料は検索でき
ないことに注意が必要である。

（2）図書を探すのに有用なデータベース

　図書を探すのには，上記のような「図書の文献情報を探すための情
報」を用いて，図書が探せる適切なデータベースを検索することが有効
である。ここでは，公の機関が提供するデータベースとして，国立国会
図書館（National Diet Library：NDL）が提供する「国立国会図書館オ
ンライン」（NDL オンライン）と「国立国会図書館サーチ」（NDL サー
チ），それに国立情報学研究所が提供する「Webcat Plus」を紹介する。

図5-3　NDLオンライン詳細検索画面
(国立国会図書館オンラインより)

a．国立国会図書館オンライン（NDLオンライン）

　NDLオンライン[8]（図5-3）は，NDL所蔵の資料およびNDLで利用可能なデジタルコンテンツを検索し各種の申し込みができるサービスである[9]。単に検索ができるだけではなく，閲覧申込みや遠隔複写申込みなどが可能になっている。NDLは納本制度により資料を収集しており，日本語の図書を日本で最も多く所蔵している図書館といえるため，NDLオンラインのデータベースは，日本語の図書に関しては最も網羅的なデータベースとなっている。NDLオンラインを検索することで，日本語の図書の情報は大部分が発見できる。

図5-4　NDLサーチ詳細検索画面（国立国会図書館サーチより）

b．国立国会図書館サーチ（NDLサーチ）

　NDLサーチ（図5-4）もNDLが提供する，文献に関するデータベースである。NDLオンラインのデータのみならず，全国の公共（都道府県立，政令指定都市立）図書館，大学図書館，専門図書館等の所蔵資料を統合的に検索できる。すなわちNDLサーチを用いることで，何らかの資料について，それを所蔵しているのがどこか把握できる。また国立国会図書館が所蔵していない資料であっても，公立図書館や大学図書館などで所蔵があれば，NDLサーチではその資料の検索が可能になる。

c．Webcat Plus

　Webcat Plus（図5-5）は国立情報学研究所（National Institute of Informatics：NII）が提供する図書の検索サービスである。前述したとおり，Webcat Plusでは「BOOK」データベースの内容を用いた検索が可

図5-5　Webcat Plus 一致検索（Webcat Plus ウェブサイトより）

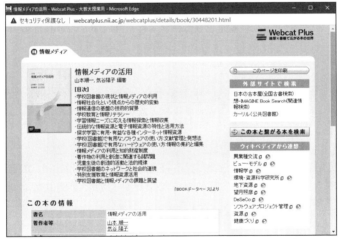

図5-6　Webcat Plus 検索結果表示（Webcat Plus ウェブサイトより）

能であり，単なる書名・著者名キーワードのみではない検索ができる。

　Webcat Plus で図書を探したい場合，デフォルトである「連想検索」よりは，「一致検索」もしくは簡易版の「Webcat Plus Minus」を用いるほうがよい。「一致検索」や「Webcat Plus Minus」の「フリーワード」にキーワードを入力して検索すると，内容情報も含む図書の情報から検索し，結果が返される（図5-6）。

3. 論文・記事の文献情報を収集する

　論文や記事を入手するには，それら論文や記事が，何という雑誌の何巻何号に掲載されているのかを把握せねばならない。そのようなときに有用なのが，一般に雑誌記事索引と呼ばれるデータベースである。日本の雑誌記事に関して広範囲に検索できるものとして，先にも紹介したNDLオンラインやNDLサーチと，「CiNii Articles」がある。

（1）NDL オンライン，NDL サーチ

　前節で紹介したNDLオンラインやNDLサーチは，雑誌記事も検索できる。この雑誌記事の収録データは，原則として国立国会図書館の作成している雑誌記事索引による。この雑誌記事索引は，学術誌，専門誌，機関誌，一般総合誌を基本的な採録対象とし，採録誌総数は2021年2月現在で2万4715誌（現在採録中1万897誌，廃刊・採録中止1万3818誌）[10] である。

　検索の方法は，NDLオンラインでは「雑誌記事」を，NDLサーチでは「記事・論文」を選択して検索すればよい。タイトルキーワードや著者・編者での検索はもちろん，「件名」が付与されている場合には，件名を用いての検索も可能である。

図5−7　CiNii Articles 詳細検索画面

（2）CiNii Articles

CiNii Articles[11]（図5−7）は NII が維持管理する雑誌記事索引デー
タベースである。前述した国立国会図書館の雑誌記事索引や，下で述べ
る学術機関リポジトリデータベースの内容も包含している。2020年3月
末現在で検索できる論文数は2200万件であり，和雑誌の論文を検索でき
るデータベースとして国内最大級である。

後述する内容になるが，CiNii Articles で雑誌記事を検索すると，一
部の記事については本文の情報に直接アクセスできる。これは NDL オ
ンラインにはない CiNii Articles の特長である。

（3）学術機関リポジトリデータベース（IRDB)

IRDB は NII 提供のデータベースで，日本の学術機関リポジトリに搭
載されている論文データを横断的に検索できるものである。機関リポジ

図5-8　IRDB 詳細検索画面面

トリとは「大学とその構成員が創造したデジタル資料の管理や発信を行うために，大学がそのコミュニティの構成員に提供する一連のサービス」[12] である。上記の CiNii Articles のデータのうち，学術機関の機関リポジトリに収録されているものについては，IRDB を通じてメタデータが収集され，CiNii Articles に提供されているものが多い。

　IRDB では，2021年2月現在で約326万件の書誌情報を掲載しており，そのうち約247万件（76%）については本文へアクセス可能である[13]。

（4）雑誌記事を取り寄せる

　上記のようなデータベースを使うことで，基本的な学術論文・雑誌記事の「存在」は把握できる。しかしながら，特に学校図書館においては，そのようにして存在を知り得た記事の現物が所蔵してある可能性は高くない。書誌データベースを検索して自らの情報要求に合致する可能性の

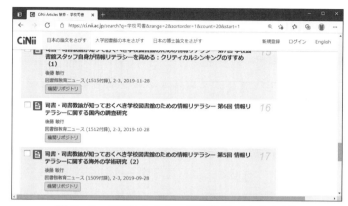

図5-9　CiNii Articles 検索結果（本文あり）

高い文献を発見した場合，その本文情報を手に入れる手段が必要とな
る。そのような手段として，インターネットに公開されている本文を活
用する方法と，文献の複製を取り寄せる方法がある。

a．インターネット上で手に入る雑誌記事の本文

　先に紹介した CiNii Articles で見つかる文献の一部や，IRDB で見つ
かる文献の相当部分は，PDF などのかたちで本文の情報も取得可能で
ある。図5-9のように，CiNii Articles で検索した結果，「機関リポジ
トリ」「J-Stage」などと表示されたオレンジ色のボタンがある場合，そ
の雑誌記事の本文情報に，何らかのかたちでアクセスできる可能性が高
い。

　このようなかたちで手に入れる雑誌記事はほとんどが学術論文であっ
て，小・中・高校生が読んで十分に理解できるものかどうかは定かでは
ない。しかしそれでも，現在においてはこのように，一部の学術論文は
むしろ簡単に手に入るものなので，それを前提にして情報提供を考えな

ければならない。

b． 雑誌記事の複写物の取り寄せ

　本節の冒頭で，NDL オンラインによる雑誌記事の検索を紹介した。
NDL オンラインで検索できる雑誌記事は，18歳以上で NDL の遠隔利用
者として登録している場合には，郵便での取り寄せが可能である。この
登録に，登録料や年会費はかからない。

　実際に複写物を取り寄せるには，複写物一枚あたり20円〜30円程度の
複写料金と包装代，それに送料がかかり，数枚程度での複写でもそれな
りの費用にはなる。とはいえ個人が安価で利用可能な遠隔複写サービス
として，どうしても必要な文献がある場合のために，登録しておくと便
利である。

4． 文献以外の情報を収集する

　文献の情報以外にも，インターネットを通じて提供される公の情報は
数多く存在する。本節では，法律情報として「e-Gov 法令検索」[14]，議
会情報として「国会会議録検索システム」[15]，統計情報として「e-Stat
政府統計の総合窓口」[16]，地図情報として「地理院地図」[17] をとりあげる。

（1） 法律情報

　「e-Gov 法令検索」（図5-10）は総務省の運営するサイトで，法令（憲
法・法律・政令・勅令・府令・省令・規則）を検索し，法令の全文を表
示できるものである。法令の全文を対象にした検索ができ，たとえば法
律の条文の中に「電子応用機械器具」ということばを持つ法令を見つけ
られる。

出典：e-Gov 法令検索（https：//elaws.e-gov.go.jp）

図5-10　e-Gov 法令検索

　各地方で法律と同じ役割をするのが「条例」である。この条例については，それぞれの地方自治体で公開がなされており，おそらくほとんどの自治体の条例はインターネット上で確認できる。Google 等で，自治体名に続けて「例規集」として検索すれば，公開サイトが容易に見つかるだろう。

（2）国会会議録

　国会会議録検索システム（図5-11）は NDL の提供するデータベースである。第1回国会からすべての本会議・委員会の会議録を，テキストまたは画像で閲覧できる。国会会議録は，その国会で話されたことが一言一句記録されており，どのような委員会で誰がどのような発言をし，それに対してどのような答弁があったかがすべて把握できる。そのことは，個々の国会議員が国会内でどのような働きをしたかの記録であり，次の選挙での判断材料となろう。国会会議録が簡単に閲覧できることを，これから政治に参加していくことが求められる児童生徒に伝えて

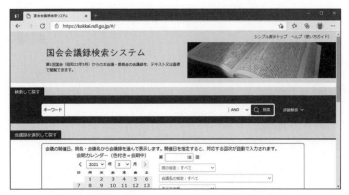

図5-11　国会会議録検索システム（国会会議録検索システムより）

いかねばならない。

　なお地方議会についても，現在ではかなりの地方自治体が会議録をインターネット上に公開している。条例と同様に，Google 等で，自治体名に続けて「会議録」として検索すれば，公開サイトが容易に見つかるだろう。

（3）統計情報

　日本政府の各府省等は，それぞれにさまざまな調査を実施している。それら府省等の行った統計調査についてワンストップで公開しているのが「e-Stat 政府統計の総合窓口」（図5-12）である。e-Stat では，府省等が公開している663種の統計調査を，「すべて」や「分野」ごとや「組織」ごとに一覧できる。また，統計表内のキーワードを用いた検索が実現されており，たとえば「最低賃金」ということばを含む統計調査を選び出せる。

　e-Stat はデータが多すぎ，また難解な用語も多いため，特に学齢期の子どもにとっては，必要な情報を探し出すのは時間をかけないと難し

出典：政府統計の総合窓口（e-Stat）（https://www.e-stat.go.jp/）
図5-12　e-Stat 政府統計の総合窓口

い。情報源として有用ではあるが，活用については，十分な指導が必要
と思われる。

（4）地図情報

　日本の国土地図に関して，国土地理院が「地理院地図」（図5-13）を
公開している。トップページから地図を拡大していって表示させたい地
域を選ぶか，地名等のキーワードを指定すれば，マウスやタッチで操作
できる地図が表示される。地図は3D 表示にもでき，山の高さなどを映
像として把握できる。

　地図に関しては，国の公開する地図以外にも，「Google マップ」[18)
「Yahoo! 地図」[19) など数多くの地図サイトが存在し，サービスを競って
いる。地理院地図ではできないこととして，これらの地図サイトでは，
航空写真表示やルート検索，ストリートビューの表示などができる。見
栄えもよくまた便利なので，活用していくべきである。

出典：地理院地図

図5-13　国土地理院　地理院地図（富士山付近）

5. おわりに

　インターネット上にある情報は玉石混交であり，大量の「信じるに値しない情報」が飛び交っている。そのためネット上の情報は気をつけて扱わねばならないとはよく言われることだが，一方で，行政機関などが信頼のおける情報をインターネット上に公開しているのもまた確かである。出所のしっかりした情報は信頼してよく，また活用してよい。

学習課題

1．自分の興味ある分野の分類記号を把握したうえで，NDLオンラインを用いてその分類記号の図書を検索し，どのような図書があるのか見てみよう。
2．地理院地図で自分の勤める学校や自分の出身校の場所を探し，地図を表示させてみよう。またGoogleやYahooの地図でも同じ場所を表示させ，それぞれの地図の長所と短所を考えてみよう。

〉〉 注記

以下の注記について，URLはすべて2021年3月18日に確認した。

1）“日本十進分類法新訂10版機械可読ファイル（NDC・MRDF10）購入方法”．日本図書館協会．
http://www.jla.or.jp/committees/bunrui//tabid/887/Default.aspx
2）“NDCデータ（NDC 8 版および9 版）”．日本図書館協会．
https://www.jla.or.jp/committees/bunrui/tabid/789/Default.aspx
3）“NDC Finder”　http://inforg.slis.tsukuba.ac.jp/ndcfinder/
4）“日本十進分類（NDC）検索”．市川市立図書館．
https://www.city.ichikawa.lg.jp/library/search/1003.htm
5）“基本件名標目表トピックマップ”．　http://topicmaps-space.jp/bsh1/
6）“Web NDL Authorities”．国立国会図書館．
http://id.ndl.go.jp/auth/ndla/
7）“「BOOK」データベース　—教育と研究の未来”．紀伊國屋書店営業総本部．
https://mirai.kinokuniya.co.jp/catalog/book_database/
8）“国立国会図書館オンライン”．国立国会図書館．
https://ndlonline.ndl.go.jp/#!/

9) "国会図書館オンラインについて". 国立国会図書館.
   https://ndlonline.ndl.go.jp/#!/static/help
10) "雑誌記事索引採録誌一覧". 国立国会図書館.
   https://www.ndl.go.jp/jp/data/sakuin/sakuin_index.html
11) "CiNii Articles". 国立情報学研究所.　http://ci.nii.ac.jp/
12) "学術機関リポジトリ構築連携支援事業". 国立情報学研究所.
   http://www.nii.ac.jp/irp/
13) "コンテンツ統計（全体)". 学術機関リポジトリデータベース.
   https://irdb.nii.ac.jp/statistics/all
14) "e-Gov 法令検索". 総務省.　https://elaws.e-gov.go.jp/
15) "国会会議録検索システム". 国立国会図書館.
   https://kokkai.ndl.go.jp/#/
16) "e-Stat 政府統計の総合窓口". 総務省統計局.
   https://www.e-stat.go.jp/
17) "地理院地図（電子国土 Web)". 国土地理院.
   https://maps.gsi.go.jp/
18) "Google マップ".　https://www.google.co.jp/maps/
19) "Yahoo! 地図".　http://map.yahoo.co.jp/

6 | 情報メディア記録の管理

高鍬裕樹

《**目標＆ポイント**》　さまざまなメディアから得た情報やコンテンツは，適切に保存・管理することで，よりよい活用が可能になる。そのように情報を管理する方法について，PC を用いる方法と用いない方法の双方を解説する。
《**キーワード**》　文献情報管理，引用情報管理，コンテンツ再生管理，DiSCUS-MTI，情報カード，読書手帳

---

1. PC を用いた情報メディア記録の管理：DiSCUS-MTI

　PC を用いた情報メディア記録の管理にはさまざまな方法がある。簡単なものであれば，テキストファイルや Word のドキュメント，Excel のスプレッドシートなどに，入手した資料の情報や読んだときのメモ書きなどを記録しておくことでも，一応の用は足せる。PC を用いた記録管理は，紙に記録する場合とは違い，任意の箇所に書き足しができるので，後から内容を追加していくのに向いている。また検索が可能であり，後から必要なものを見つけ出すのにも便利である。

　一方で，汎用のドキュメントなどを用いて記録を管理することには限界もある。情報メディア記述のルール（第 8 章参照）に従ったかたちでの記述は手作業で行わねばならず，自身で記録したメモの内容を，文献をまたいで閲覧するのも容易ではない。管理する情報メディア記録の数が増えてくれば，汎用のドキュメントなどを用いての記録は難しくなっ

てくる。

　そのような場合に活用できるのが，文献情報を管理することに特化したソフトウェアである。研究者向けのソフトウェアとしてはこの種のものは複数存在し，Endnote[1)，Zotero[2)，Paperpile[3) などが有名であるが，高価であったり，日本語対応が十分ではなかったりして，簡便に使えるものとは言い難い。ここでは，文献・引用情報管理のための Windows ソフトウェアとして，DiSCUS-MTI（以下 DiSCUS）を紹介する。

　DiSCUS は高鍬裕樹（大阪教育大学）の開発した文献・引用情報の管理のためのソフトウェアであり，無償公開されている。文献の情報を国立国会図書館のウェブページなどから貼り付けて登録する機能を備えており，簡便な登録が可能である。図書のみならず雑誌論文やウェブページなども記録・管理の対象であり，また原文献（コンテンツ）そのものが PC 上やインターネット上に存在する場合，文献の情報からコンテンツへのリンクを保存しておき，簡単にコンテンツを表示（再生）することもできる。このようなソフトウェアを活用することで，情報メディア記録の管理は格段に容易になる。

（1）DiSCUS の起動と終了

　DiSCUS は，配布サイト[4) から容易にダウンロードできる。ダウンロードした DiSCUS は，PC 環境によって，解凍する前に「ブロックの解除」を行う必要がある（図6-1）。ブロックの解除後，圧縮ファイルを解凍すれば，DiSCUS を起動する準備は終了である。インストール作業などは必要な

図6-1　ブロックの解除

く，またファイルは PC 上のどこに保存しておいてもよい。レジストリ
などに情報を記録しないので，DiSCUS の使用を停止するときは，ファ
イルをフォルダごと削除すれば十分である。

　解凍が終われば，フォルダ中の DiSCUS の実行ファイル（図6-2）
をダブルクリックすれば，DiSCUS が起動する。正しく起動した DiS-
CUS の画面が図6-3である。

　DiSCUS を終了するには，コントロールパネル左上の「終了」ボタン
をクリックすればよい（図6-
4）。この操作で，DiSCUS はデ
ータファイルを更新し，終了す
る。DiSCUS の操作中にデータフ
ァイルは自動的に更新されてい
き，明示的に保存する必要はな
い。

図6-2　DiSCUS 実行ファイル

図6-3　DiSCUS 実行画面

図6-4　終了ボタン

（２）文献情報の登録と検索

ａ．文献情報の登録

　DiSCUS に文献情報を登録するには，「文献入力ヘルパー」を用いる。図書や雑誌論文に関する情報は，現在ではさまざまなウェブサイトを通じて入手可能であり，その代表的なものとして国立国会図書館サーチ（NDL サーチ）や CiNii Articles がある（第５章参照）。DiSCUS では，これらのウェブ情報資源に表示させた情報を文献入力ヘルパーに切り取ることで，簡便な情報入力を実現している。

　具体的な方法としては，文献入力ヘルパーの「IE 取込設定」の右側にあるボタンから，たとえば「NDL サーチ」をクリックする（図6-5）。そうすればインターネットエクスプローラ（IE）で NDL サーチが表示さ

図6-5　文献入力ヘルパー
NDL サーチ

れるので，必要な文献を検索し，それを IE で表示させておく。その状態で文献入力ヘルパーの「IE から取込み」ボタンを押すと，IE に表示されている文献の情報が文献入力ヘルパーにコピーされる[5]。このコピーされてきた内容は往々にして誤りがあるので，必要に応じて修正しなければならない。

　登録したい文献が図書である場合，ISBN（International Standard Book Number：国際標準図書番号）を入力しての登録も可能である。入力ヘルパーの「IE 取込設定」上部のテキストボックスに ISBN を入

図6-6　文献入力ヘルパー
ISBN から検索

図6-7　文献入力ヘルパー
直接入力

力し，「ISBN から検索」ボタン（図6-6）を押せば，NDL サーチなど
を検索して自動的に文献の情報を切り取ってくる。

　情報メディア記録を直接行うことも可能である。図書や雑誌論文，ウ
ェブページなどは，記載の書式を統一できることもあって，入力ヘルパ
ーのそれぞれのタブを使うのが便利である。しかし自校制作の教材など
で，そういった型にはまらない種類のものの場合は，「直接入力」（図6-
7）を用いることで，自由な記載内容で記録できる。

　文献の情報が入力ヘルパーに正しく入った（正しく入力した）なら，
「入力」ボタンを押して，その情報を DiSCUS に登録する。

b．文献情報のフォルダ分け

　登録した文献情報には，「文献階層」を登録できる。DiSCUS の文献
階層機能は，文献をカテゴリ別の階層に登録することで，同じ主題に属
するものをまとめられるもので，PC 上のファイルを管理する際にフォ

ルダ分けをするのに似ている（図6-8）。

この文献階層は，ひとつの文献に対して複数
登録できる。たとえば，ひとつの文献情報に
「¥自著¥デジタル情報資源」と「¥図書館¥
レファレンスサービス」の両方の階層を登録し
ておけば，どちらの階層で絞り込んだときにも
この文献情報は絞り込み結果に含まれる。その
意味で文献階層機能は，「タグ」の要素を持っ
ているともいえる。

図6-8　文献階層

c．文献情報の検索（絞り込み），並べ替え

DiSCUS に登録した文献は，書名や
著者名，出版者等のキーワードを用い
て検索（絞り込み）できる。検索に
は，コントロールパネルの「文献検
索」ボタンを用いる。文献検索ダイア
ログボックス（図6-9）に必要な条
件を入力し，「実行」ボタンを押すこ
とで，文献情報の検索が可能である。

図6-9　文献検索

文献を任意の順序に並べ替えたい
（ソートしたい）場合は，「高度な検
索」ボタンをクリックする。すると，
ダイアログボックス下部に「ソートの
設定」がある（図6-10）ので，必要
なソート定義を選択すればよい。

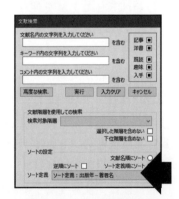

図6-10　高度な検索
　　　　ソートの設定

（3）コンテンツの再生

　DiSCUSでは，単に情報メディアの記録を管理できるのみならず，PC上やインターネット上に存在するさまざまなコンテンツと文献情報をリンクし，必要に応じてそれらコンテンツを再生できる。DiSCUSで扱えるコンテンツは，そのPCで扱えるものですべてであり，ドキュメントやPDFのみならず，写真や動画の再生もできる。設定によっては，圧縮ファイルに保存されたコンテンツにもアクセスでき，ファイル管理上有効である。

a．コンテンツの登録と再生

　DiSCUSにコンテンツを登録する場合，文献情報ウィンドウにコンテンツをドラッグ＆ドロップするだけでよい。その操作で文献情報ウィンドウの「ファイル」テキストボックスに，PC上でのコンテンツのファイル名が記録される（図6-11）。インターネット上のコンテンツの場合は，「ファイル」テキストボックスにURLを入力する。

　コンテンツを再生したい場合，「File」ボタンをクリックするか，「ファイル」テキストボックスをダブルクリックするか，キーボードショートカット「Ctrl＋G」を用いる。いずれの操作でも，PCもしくはDiSCUSに設定された再生ソフトウェアが立ち上がり，コンテンツの再生が始まる。

図6-11　コンテンツの登録

b．コンテンツを再生するソフトウェアの登録

　DiSCUS でのコンテンツの再生は，デフォルトではその PC の「既定のアプリ」の設定に従う。すなわち，たとえば動画の再生について，その PC の設定が「VLC media player」になっていたならば（図 6-12），DiSCUS でも動画の再生に VLC media player が使われる。

　既定のアプリとは違うソフトウェアを使用したい場合にも，DiSCUS は「オプション設定」の「外部アプリ」で，拡張子ごとの再生アプリケーションの登録が可能である（図 6-13）。たとえばデフォルトでは圧縮ファイル（zip ファイル）について解凍アプリが設定されているとして，DiSCUS から「.zip」ファイルを実行するとそのファイルが解凍されてしまい意図した動作にならない場合，この設定項目で圧縮ファイルビューアを登録しておくことで，DiSCUS からのコンテンツ再生ではビューアを使って中身を視聴するよう設定できる。

図 6-12　Windows10 既定のアプリ

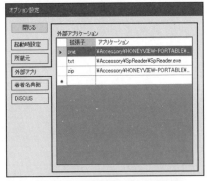

図 6-13　外部アプリの設定

（4）引用情報の記録と検索
a．引用情報の記録

DiSCUSでは，文献に対して引用情報を記録できる。引用情報は，ひとつの文献に対していくつでも記録できるため，ひとつの内容ごとにひとつの引用情報を記録すればよい。引用情報を記録するためには，文献情報ウィンドウから「引用」ボタン（図6-14）を押す。すると，引用情報ウィンドウが表示され，資料IDが入力されて，引用情報を記録する準備が整う。

図6-14　引用ボタン

図6-15　引用情報ウィンドウ

引用情報ウィンドウには「引用内容」テキストボックスと「コメント」テキストボックスが存在する（図6-15）。「引用内容」テキストボックスには文献に記載のあった内容をそのまま転記し，その内容に対しての自分の感想やコメントは「コメント」テキストボックスに入力する。このようにすることで，他者の言葉と自分の言葉を厳密に分けて記録できる。

同じ文献から別の引用情報を新しく記録する場合には，文献情報ウィンドウから再び「引用」ボタンをクリックすればよい。引用情報ウィンドウがクリアされ，資料IDが入力されて，新しい引用情報を記録する準備が整う。

なお引用情報の記録に関して，印刷物の文章をPCに写し取るのが手

間だと感じられるかもしれない。この場合，タブレット端末やPCを用いて写真からのOCRを実行することで，より簡便な引用情報の記録が可能になる（第9章参照）。しかしながら，そのように手間を省いていくことで，ひょっとしたら記憶への定着が阻害されるかもしれないことは意識しておいたほうがよい。入手した情報を咀嚼し，必要な部分を頭に入れておく作業は学習の一部であり，手間を惜しんで機械に頼ることには弊害もあるだろう。

b．引用情報の検索（絞り込み）

登録した引用情報は，キーワードを用いて検索（絞り込み）できる（図6-16）。この場合，どの文献からの引用かにかかわらず，指定したキーワードが存在する引用情報がすべて表示される。このとき，引用内容に含まれる文字列

図6-16　引用検索

と，コメントに含まれる文字列は別のものとして検索されるので注意が必要である。

2．タブレット端末を用いた情報メディア記録の管理

前節でPCを用いた情報メディア記録の管理について述べた。PCではなくタブレット端末の場合，図書，雑誌論文，ウェブページなどの情報メディアについて一元的に記録可能なアプリは，管見の限りでは存在

しない。図書の情報を記録するアプリは複数あり，その範囲でみれば先に挙げた DiSCUS よりも簡便に使える。

　タブレット端末の図書記録アプリの利点は，カメラを用いて ISBN のバーコードを撮影することで，インターネットから図書の情報を取得して登録できることである。またそのときに，表紙画像も取得できるものが多い。多くの場合，登録した図書に対する感想なども記録でき，簡便な記録法としては有効である。一例として，図6-17に，Android™ アプリ「読書管理 Yomoo」，iOS アプリ「読書管理ビブリア」のスクリーンショットを示しておく。必要に応じて，このようなものも活用していけばよい。

図6-17　タブレット端末の読書管理アプリ

3. 手作業による情報メディア記録の管理

（1）B6 版カード（情報カード）による情報管理

a．情報カードの考え方

　古典的な情報メディア記録の管理法として，「情報カード」を用いるものがある（図6-18）。情報カードは，梅棹忠夫が『知的生産の技術』で「京大型カード」として紹介したもので，論文執筆に関する古典

図6-18　情報カードの例（ライフ情報カード）

的名著である澤田昭夫の『論文の書き方』でも，「研究カード」として同様の方法が奨励されている。この方法の要点は以下の3点である。

　　・常に持ち歩いて，何でもすぐメモする

　　・1枚には1つのことのみ記す

　　・カードの順番(や配置)を自由に動かし，カード同士の関係を見出す

　このように1枚1件のカードで情報を管理する理由は，後からそれらの情報を再構成し整理するためである。冊子体のノートにメモを取った場合，時系列で内容を確認するには便利であっても，さまざまな情報源から得た情報を組み合わせ再構成して新しい構造を見出すには不向きである。そのため情報カードにメモを記録し，必要に応じてそれらの情報カードを移動させることで，新しい発想を見出せるようにするのである。

b．情報カードを使う方法

　情報カードとして，まず文献カードを作成したい。文献カードは，自分が読んだ（あるいは，これから読もうと思っている）図書や雑誌論文，ウェブページなどに関する情報を記録したカードである（図6-19）。文献カードは，次項で述べる読書手帳の記載内容をカードに記入したものといえる。文献カードには，文献についてなるべく詳細に記録するのが望ましいが，現在においては，詳細な文献情報を見つけ出すのはそれほど難しいことではないため，記録は著者名と書名等，図書が同定できる程度の簡略なものでもよい（特に，幼い子どもたちには，詳細な文献情報を自分で記録するのは困難であろう）。加えて，文献をどこから手に入れたか（どこかの図書館から借りた，自身で所有している，など）や，図書館で入手した場合の請求記号などを記録しておくと，再度その文献が必要になった際に迅速に対応できる。通し番号や記号などをつけておけば，次に述べる「研究カード」を作成する際に，出典の記述を簡略化できるので便利である。

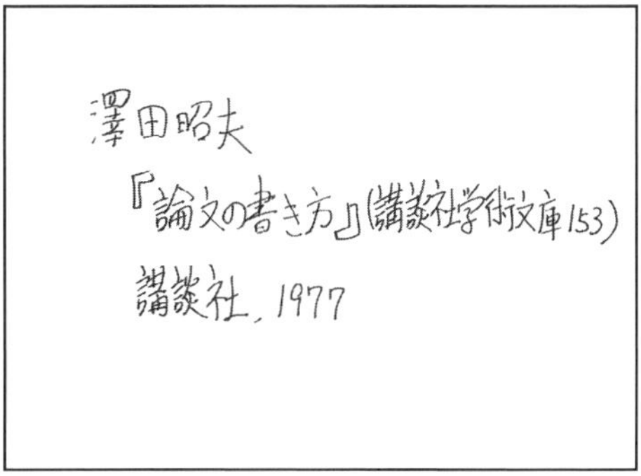

　澤田の言を借りるならば，文献カードは「資料の住所録」[6] である。「いちど使った資料をあとでもういちど検証したいというときに，すぐにその所在を明らかにしてくれる」ことが，文献カードの役割である。そのようなものとなるように，文献カードの内容を記載するのがよい。

　文献カードを作成した後，文献の内容や，文献からに限らず自分が思

図6-19　文献カード

いついたことなどについて，情報カードに記録していく（図6-20）。その際，文献の内容の記録であればその出典も，カードに記載する。澤田は，こちらのカードを「研究カード」と呼んでいる。何らかの主題についてまとめるとき，文献を読んだり，ラジオやテレ

図6-20 研究カード

ビの放送を視聴したり，あるいは誰かと会話したりしている中で知ったこと，ふと思いついたことなどを，研究カードに記録していく。そのようにして多数の研究カードを作成する。それらの研究カードが蓄積する頃にはさまざまな情報源からの情報がカードに記載され，主題に沿ったかたちで再構成できるようになる。そのようにして主題についてまとめ新しいものを生み出す手法が，情報カードによる情報管理である。この手法は，「記録」というよりは「創造」のためのものである。

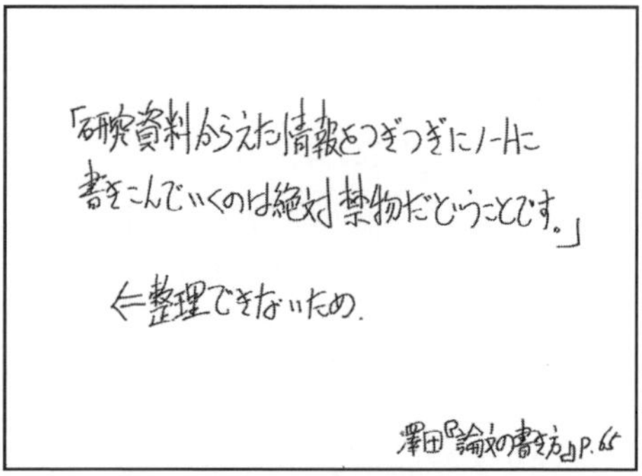

c．情報カードの保管

　情報カードシステムの場合，作成したカードは保管箱で保管する（図6-21）。保管箱には，3分類や5分類の見出しカードを入れておけば，後で見返すときに便利である。ただし，情報カードの分類を固定化することはあまり推奨されない。情報カードは折に触れて取り出し，中身を読み直して確認し，必要に応じて位置を移動させるものである。そのことで，自分が読んだ資料の内容に，読んだときには思い至らなかった関係があることを見出せる。カードの数が増えてくれば大くくりの分類は

必要になるだろうが，分類を固定化してしまうと，このような再構成が困難になる。そのため，カードの分類をあまり厳密なものとはしないほうがよい。

　現在ではカードの保管について，紙のカードで保管せず，撮影によりデジタルデータ化して，タブレット端末等で管理することもできる。第14章を参照されたい。

図6-21　**情報カード保管箱**
（コクヨ　**情報カー
ドボックス**）

（2）読書手帳

　上記のような方法は，自らの作成した情報メディアの記録を再構成したり整理したりして，自分の疑問に対する答えを見出したり，新たな発想や考え方を見出すためのものである。そういった方法は，課題解決型の学習などでは必要になるが，一般的な読書の記録としてはそこまで必要でないことも多い。初学者のうちからあまり複雑なことを求めると，記録を取ることそのものに苦手意識を持つかもしれない。そのため，簡便な方法として，「読書手帳」や「読書カード」の取り組みがよく行われる。一般的に，読書手帳は冊子型のものを指し，読書カードは1枚のものを指すが，内容に大きな違いはなく好みで選べばよい。

a．読書手帳の効用と弊害

　学習に直接使うわけではなくとも，読書を記録することには意味がある。2点を挙げておくと，ひとつは，自分の読書した量を可視化することで達成感を生み出し，さらなる読書につなげることである。児童生徒

の「やる気」を引き出す工夫として，読書記録をつけるよう促すことは有効である。

ふたつめは，あらすじや感想を書く欄を設けたり，「おすすめ度」を星などで表現できるようにすることで，本の内容を理解しながら読むよう習慣づけられることである。読書は基本的に「インプット」であるが，そのインプットからの「アウトプット」を意識することで，内容を理解しようという意識がより強くなる。最初は，読んで「おもしろかった」を記録するだけでも十分であるが，いずれ「どこがおもしろかったのか」，「どの点には納得がいかないか」を自ら評価していくことにもなり，それは批判的思考につながる。

一方で，読書の記録を強制してしまうと，逆にやる気が削がれる可能性があることは意識しておかねばならない。特に中学・高校生の場合，読んでいることを親や教師には知られたくない資料を手に取ることもあり得て，そういった資料まで記録させるとすれば本人の意欲を大幅に阻害しかねない。その意味で読書記録は任意でなければならず，「本人が記録したいものを記録する」ものであるべきである。

この点で考えておかねばならないことは，公共図書館等で近年普及してきている「読書通帳」の取り組みである。読書通帳の取り組みは，各資料について記録するかしないかを本人が選べない場合には，個人情報保護の点で問題をはらむ。この点に関して日本図書館協会図書館の自由委員会は「いわゆる『読書通帳』サービスについて：『図書館の自由』の観点から」を公表し，読書通帳を (1) 自書タイプ（自分で書き込むもの），(2) お薬手帳タイプ（シールを読書通帳に貼付するもの），(3) 預金通帳タイプ（機械で印字するもの），に分類したうえで，自書タイプ以外のサービス提供に懸念を表明している[7]。学校図書館で同じ取り組みをする場合には，主たる対象が青少年であるため，より慎重に行わ

ねばならない。基本的には「預金通帳タイプ」の読書通帳は導入せず，読書を記録するのであれば，各資料について記録するかどうかを本人が選択できる自書タイプの読書記録で行うことを指導すべきである。

b．読書手帳の形式

　読書手帳に関しては，その形式に制限はない。商品として「読書ノート」と銘打つものも多数販売しており，多くは文庫本サイズで持ち歩きやすくなっている。通常のノートを用いるものとして，杉本直美は『読書生活をひらく「読書ノート」』で，いわゆる大学ノートを用いる方法について解説しており参考になる。

c．読書通帳のテンプレート

　より簡便なものとして，通帳型の自書式読書手帳を作成できるテンプレートも多数公開されており，多くは「読書通帳」と呼ばれている A3 の用紙1枚に印刷し，切れ目を入れて折りたたむことで冊子型にまとめられるテンプレートが公開されているので，A3 の用紙に印刷できるならば（あるいは A4 に印刷したものを，A3 に引き伸ばしてコピーできるならば），こういったものを使うと簡易的な読書手帳となる。一例として，宇都宮市立図書館が配布しているテンプレートを示す（図6－22）。以下に配布サイトの例を示しておく。

・宇都宮市立図書館　サービス案内　宇都宮市立図書館読書通帳
　https://www.lib-utsunomiya.jp/viewer/info.html?id=165
・新居浜市立図書館　心に素敵な貯金を！　読書通帳をご利用ください
　http://lib.city.niihama.lg.jp/archives/news/dokusyotuutyou2/
・学校図書館探調査 ToolDX オリジナル読書手帳ダウンロード
　https://solution.oec-o.co.jp/data/tancho_passbook_dl/tancho_dtl/

図6-22　宇都宮市立図書館　読書通帳テンプレート

学習課題

1．DiSCUS に図書や雑誌記事の情報を20件以上保存し，著者名順での
　並べ替えをしてみよう。
2．読んだ文献の内容から「研究カード」を作成してみよう。その研究
　カードの参照元の文献が DiSCUS に登録されている場合，研究カー
　ドには DiSCUS の資料 ID を記録しておこう。
　※研究カードが手元にない場合，普通のコピー用紙を 2 分割〜 4 分割
　すれば，似たものが作れます。

〉〉 注記

　以下の注記について，URL はすべて2021年 3 月 9 日に確認した。
1)　"Endnote 文献管理ソフト【ユサコ株式会社】"．ユサコ株式会社.
　https://www.usaco.co.jp/endnote/
2)　"Zotero : Your personal research assistant". Corporation for Digital Scholar-
　ship.　https://www.zotero.org/
3)　"Paperpile : Modern reference and PDF management". Paperpile LLC.
　https://paperpile.com/
4)　DiSCUS-MTI 配布サイト．大阪教育大学.
　https://www.osaka-kyoiku.ac.jp/~takakuwa/DiSCUS/
5)　IE は2022年 6 月でのサポート終了が公表されている。DiSCUS もこれに伴い
　2022年 6 月以降は IE からの情報の切り取りを廃止し，BiBTeX 形式テキストな
　どからの情報抽出に切り替える予定である。
6)　澤田昭夫．論文の書き方．講談社，1977，（講談社学術文庫　153），p. 56.
7)　日本図書館協会図書館の自由委員会．"いわゆる「読書通帳」サービスについ
　て：「図書館の自由」の観点から"．日本図書館協会.
　http://www.jla.or.jp/committees/jiyu/tabid/735/Default.aspx

7 | 発想法

高鍬裕樹

《目標&ポイント》 情報メディアから得たインプットを自分なりに解釈し自分のものとしてアウトプットすることを目指し，考えをまとめるための方法とソフトウェアについて解説する。

《キーワード》 KJ法，ブレインストーミング，Ideafragment2，Post-it®，マインドマップ，XMind 8，SimpleMind，アウトライン，ナビゲーションウィンドウ

---

1. 発想法

（1）発想法とは

　発想法とは，考えをまとめたり，新しいアイデアを得るための方法である。本来，発想法に「正しい形」はない。それぞれの人はそれぞれの考え方・思考法を持っていてよく，どのようにして自分の考えをまとめ構築するかは自由である。「こうでなければならない」と考える必要はなく，それぞれの方法は尊重されねばならない。

　一方で，考えを進めるにあたって，ある程度「型にはめる」ことで何かを見出せる場合があることも事実である。そのような考え方の「型」が発想法であり，既存の情報や自分の頭の中にあるものを用いて，そこに新しい関係性を見出すようにするものである。そのような「型」にはさまざまなものがあり，たとえば『思考法図鑑』[1]には60種類の方法が紹介されている。

　本章ではさまざまな発想法の中から，「KJ法」と「マインドマップ」，それに，発想法と関連するものとして「アウトライン」をとりあげる。いずれも発想を広げたりまとめたりするのに定評のあるものであり，これらを活用することで，収集した情報メディアから，実りあるアウトプットができるようになるだろう。

（2）デジタルデバイスを用いた発想法

　発想法に何を使うかにルールはないが，よく使われるのは紙とペンである。戸田山和久は『思考の教室』の中で，思考力強化のテクノロジーとして紙とペンを挙げ，これらを使うことで「頭の中に入りきらないややこしいことをじっくり考えることができる」[2]と述べている。

　このこと自体に異論はないが，その場限りの考えの記述としてならともかく，記録としての紙とペンは，保存性や携帯性，検索性に若干の難があると思われる。特に，記録が大量になってきた場合には，分厚いノートや，数百枚に及ぶカードの束，机の大きさほどの紙を持ち運ぶ必要があることになり，現実的とはいいがたい。蓄積された大量の情報から，キーワードを指定して必要なものを抜き出すこともできない。このように，紙の上で発想法をすべて行うには困難が伴う。

　それらの困難を克服する手段として，デジタルデバイスの活用が考えられる。KJ法の図形やマインドマップの作成をPC画面上やタブレット端末上で行うことで，できあがった図形を保存しておき，後から参照したり，再編集したりするのが容易になる。保存したカードやノートがどれほど大量になっても，また作成した図形がどれだけ大きなものになっても，持ち運ばねばならないものは端末ひとつだけであり，容易に持ち運べて，いつでもどこでも考えを再開できる。加えて，多くの場合，デジタルデバイスに入力したデータは，後から「検索」によって見つけ

出すことができ，これは紙を使っていては実現できない利点である。

　上記のような利点があるため，デジタルデバイスは，時間をかけて考えを練り上げていくための手助けとなる。必ず使わねばならないものとまではいえないが，活用することで可能性が広がるといえる。

2. KJ 法と IdeaFragment2

（1）KJ 法とは

　まず本節で「KJ 法」をとりあげる。KJ 法は文化人類学者の川喜田二郎が考案した発想法で，断片的な情報から共通の要素を見出し，これまでとは違った視点でまとめあげる方法として古典的なもののひとつである。KJ 法とは，簡単にいえば，アイデアや事実，疑問などを記した小片である「ラベル」を平面上に広げグループ化して，まとまりや関連を見出そうとするものである[3]。小片として紙のカードを使う点で情報カード（第 6 章参照）と親和性が高く，またブレインストーミングの後のまとめにもよく用いられる。

（2）IdeaFragment2 を用いた KJ 法

　このような KJ 法を PC 上で実現できる Windows ソフトウェアとして「IdeaFragment2」[4] がある。IdeaFragment2 の製作者は「ねこみみ」氏であるが，ソースコードを公開したうえで，転載，改変，再配布は連絡なしに自由に行ってよい旨の記述がある[5]。以下に，IdeaFragment2 の基本的な使い方を紹介する。

a．ダウンロードと起動

　IdeaFragment2 は，公式サイトから容易にダウンロードできる。ダウ

ンロードした圧縮ファイルを解凍して
得られた実行ファイル（図7-1）を
ダブルクリックすれば, IdeaFragment2
が起動する。この際インストールなど
は不要であり, また使用を中止して削
除するときも, 単にフォルダごと実行
ファイルを削除すればよい。起動した
IdeaFragment2 の画面が図7-2であ
る。新しく作図を始めるときは, メニ
ューから「ファイル」→「新規作成」
を選び, 新しいキャンバスを表示させ
ておく。

図7-1　IdeaFragment2
実行ファイル

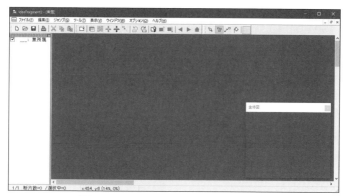

図7-2　IdeaFragment2 起動画面

b．断片の入力

IdeaFragment2 では, KJ 法でいう「ラベル」を「断片」と呼んでい
る。断片を入力するには, IdeaFragment2 のウィンドウをダブルクリッ

クすればよい。すると，新規断片の作成ダ
イアログ（図7-3）が開くので，必要な
内容を入力して「OK」を押せば，断片が
入力できる。

断片を移動させるには，動かしたい断片
を選択したうえで，マウスでドラッグ＆ド
ロップする。複数の断片を同時に動かした
い場合には，動かしたい断片をすべて選択
してからドラッグすればよい。複数の断片
を同時に選択するには，キーボードで Shift
キーを押しながら断片をクリックするか，
マウスで複数の断片を含むように範囲を選
択する。

もし，ひとつのグループ（後述）に属す
る断片すべてを選択したいならば，Ctrl キ
ーを押しながら，グループ内の断片ひとつ
をクリックする（図7-4）。

**図7-3　新規断片の入
力ダイアログ**

**図7-4　グループ内の
断片すべての
選択**

c．断片のグループ化と関係線

IdeaFragment2 では，断片を
グループ化できる。グループ化
するには，ツールバー上の「グ
ループ化」アイコンをクリック
したうえで，マウスをドラッグ
してグループ化したい断片を範
囲に入れればよい。グループ化

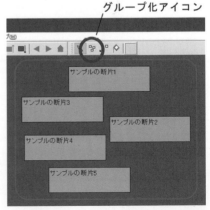

図7-5　グループ化アイコン

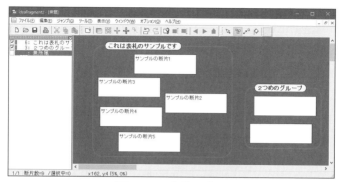

図7-6　表札の表示

した断片の周りには枠が描かれ，それらがひとつのグループであること
を示す（図7-5）。グループ内の断片を動かすと，枠は断片の動きに追
従し，グループ内の断片すべてを含むように大きさを変える。

　グループには，表札を設定できる。この場合，グループ内の断片ひと
つを「表札」として設定すればよい。そうすれば，その断片がグループ
の表札として，枠線に重なる形で表示される（図7-6）。

　また断片やグループの間には，関係線を引くことができる。関係線を
引くには，ツールバー上の「断片またはグループ関係線」アイコンをク
リックしたうえで，ふたつの断片の間でドラッグすればよい。関係線は
断片を動かすとそれに連動して動き，常にふたつの断片を直線で結ぶ
が，必要に応じて分割点を入れて，疑似的に関係線を曲げることができ
る（図7-7）。

d．断片の検索

　IdeaFragment2 では，文字列を用いて断片を検索できる。そのため，
多くの断片がひとつの図形に含まれていたとしても，断片に入力した何

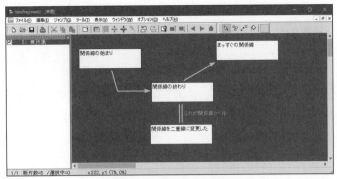

図7-7　関係線の表示

らかのキーワードが想起できるならば，そ
の断片を見つけ出すのは容易である。

　断片を検索するには，メニューから「編
集」→「検索」を選び，表示される検索ボ
ックス（図7-8）でキーワードを指定す

図7-8　断片の検索

ればよい。このとき，複数の語を指定でき，「いずれかを含む」「全てを
含む」「いずれかを含まない」「全てを含まない」「正規表現」のいずれ
かで検索できる。検索にマッチした断片は選択され，メニュー→「編集」
→「次の選択断片へ」で順次表示できる。

（3）タブレット端末でKJ法も行えるアプリ：Post-it® APP

　通常の（紙の小片を使った）KJ法を行うのに，現在では付箋がよく
用いられる。KJ法において，単なる紙では固定できないため，落ちて
しまわないよう水平面（たとえば机の上）が必要であるが，付箋を用い
れば垂直面にも貼り付けられ，スペースをより有効に使える。そのた
め，ブレインストーミングなどで出たアイデアを付箋に書いておき，そ

れをホワイトボードなどに貼りつけて平面（垂直面）配置することで，KJ法を快適に行える。

　このような付箋の使い方を，タブレット端末内で仮想的に行えるアプリが，多く公表されている。特に付箋メーカーである3Mが無償公開しているアプリ「Post-it®」（図7−9）が，この種のものとしては高機能であり，端末内でKJ法を行うのに向いている。本項では，このPost-it®について紹介する。

　Post-it®は，iOS端末ならApp Storeから，Android™端末ならGoogle Playから，通常どおりダウンロード，インストールできる。インストールが成功すれば，アイコン（図7−10）をタップすればアプリが起動する。

図7−9　Post-it®
　　　　アプリ

a．付箋の入力
　Post-it®での付箋の入力方法は2通りである。ひとつは，タブレット端末上で，付箋を模した小

図7−10　Post-it®
　　　　　アイコン

片をひとつずつ入力していくことである（図7−11）。もうひとつは，紙の付箋に入力したいものを書いておき，その付箋をカメラで撮影することである。このとき，複数の付箋を同時に撮影してよい。Post-it®は，そのように撮影した付箋を自動的に1枚ずつに分解して読み込み，端末内での処理に使えるようにする（図7−12）。

b．付箋の編集
　端末上で入力したものでも撮影したものでも，Post-it®に入力された

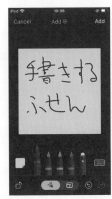

図7-11　タブレット端
　　　　末上での付箋
　　　　の入力

図7-12　カメラを用い
　　　　ての付箋の取
　　　　り込み

付箋は，Post-it®上で編集が可能である。可能な操作は，手書き（ペン）で文字や図形を描画すること，テキストを入力すること，付箋の形（正方形か長方形）と大きさを変えること，付箋を90度ずつ回転すること，付箋の背景の色を変えること，である。

c．付箋のグループ化

　Post-it®の画面上で，付箋をグループ化し，グループに名前をつけられる（図7-13）。Post-it®の場合，付箋を新規に入力する際に，必ずグループに入れられる（既存のグループに入れるのでなければ「Group A」などの名前のグループが自動的に生成される）ので，すでにあるグループの名前を適切に変更することで，必要なグループを作成できる。

　付箋のグループ間移動は，付箋を長押しして移動し，グループをまたげばよい。グループのないところへ移動させた場合，新しいグループが新規作成され，移動させた付箋は新しいグループに所属する。グループ

をまとめたい場合，ひとつのグループを別のグループの中に移動させることで可能である。

d．付箋の検索

**図7-13　付箋のグ
　　　　 ループ化**

Post-it® に入力されている付箋にテキスト（手書き文字を認識したテキストを含む）が入力されている場合，そのテキストを対象にしての一定程度の検索ができる。全文検索ではなく，付箋に含まれるテキストを前方一致で検索し，一致する付箋が含まれるボード（Board）を表示する（含まれないボードを非表示にする）機能である。自分の書いた付箋がどこにあるかわからなくなったときに，最初の数文字が思い出せれば，その付箋が含まれるボードを見つけ出せるので，後から付箋を探すのに便利である。

　そのため Post-it® の使い方として，ボードを細かく分け，付箋をテーマごとに違うボードに入れておくほうがよい。自分の求める文字列の入ったボードがわかっても，多くの付箋がひとつのボードにあると，ボードの中を見て回るのに時間がかかってしまうだろう。

3．マインドマップと XMind 8

（1）マインドマップとは

　本節では「マインドマップ」をとりあげる。マインドマップはトニー・ブザンが考案した発想法で，ある主題に関して自分が連想したものをそのまま平面上に表現することで，発想やアイデアを広げていく方法

である。方法としては，まず中心にキーワードやイメージを置き，そこから放射状に枝を広げて，テーマから連想したこと（そしてその連想したことから連想したこと）を描画していくことで行う。これから課題に取り組むにあたって，自分が何を知っているのか，自分の中にある材料は何かを，連想を重ねることで紙の上へと記録するのが，マインドマップという発想法である。

（2）XMind 8 を用いたマインドマップ

　マインドマップを PC 上で実現するソフトウェアは多数存在する。ここでは，その中から「XMind 8」[6] をとりあげる。XMind 8 はオープンソースプロジェクト（一部有料機能は除く）であり，Windows，Mac OS X，Linux に対応している。原則として PC にインストールするものであるが，Windows についてはポータブル版が用意されており，ユーザーの保存領域や USB メモリなどに保存して起動することもできる。日本語を含む複数の言語に対応しており，簡略にマインドマップを実現できるソフトウェアといえる。

a．XMind 8 のダウンロードと起動

　XMind 8 は公式サイトから容易にダウンロードできる。通常版の XMind 8 をダウンロードしてインストールするか，ポータブル版の XMind 8 をダウンロードして解凍すれば，XMind 8 を実行する準備は終了である。メニューもしくは実行ファイルから，XMind 8 を起動する。

　正常に起動した XMind 8 の画面は図 7-14 のようである。「空白のマップを新規作成」をクリックすれば新しいマインドマップの入力が始められるので，中心トピックにこれから取り組んでいこうとしているトピックを入力すればよい。

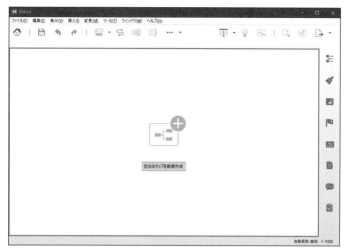

© 2021 XMind Ltd.

図7-14 XMind 8 起動画面

b．XMind 8 の操作

　XMind 8 では，入力する内容のことを「トピック」と呼ぶ。トピックを入力するには，2つのキーボード操作を覚えるのが簡単である。あるトピックを選択した状態で「Enter」キーを押すと，「選択したトピックと同じレベルへのトピック追加」を意味する。また，「Insert」キーを押すと，「選択したトピックの下のレベルへのトピック追加」となる。この Enter キーと Insert キーの操作を覚えておけば，XMind 8 での操作のほとんどを行える。

　トピックを移動したい場合，動かしたいトピックをマウスでドラッグし，必要な箇所でドロップする。ドラッグしている間には，近接した別のトピックとの接続の候補が示される。それが示されている間にドロップすれば，トピックは接続される。トピックを他のトピックから十分に遠い（候補が表示されない）位置で離せば，そのトピックは独立したト

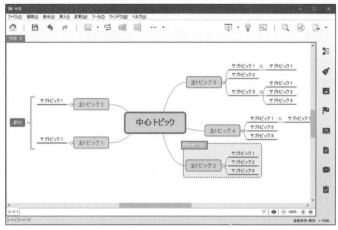

© 2021 XMind Ltd.

図7−15 XMind 8 を用いたマインドマップの制作

ピックとなる。

　それ以外にも，XMind 8 では，トピックの間の関連を示す線を引いたり，トピックを囲む枠を描画したりできる。さまざまな装飾をつけることで，自分の発想を図形の上に留めやすくなる（図7−15）。

c．トピックの検索

© 2021 XMind Ltd.

図7−16 トピック の検索ダ イアログ

　XMind 8 では，IdeaFragment2 と同様に，入力したトピックを全文検索できる（図7−16）。そのため，入力したトピックが多数になったとしても，後から必要なものを発見するのは容易である。操作としては，メニュー→「編集」→「検索／置換」を選択するか，キーボードショ

ートカット「Ctrl＋F」を用いる。

（3）タブレット端末で行うマインドマップ：SimpleMind

　タブレット端末でも，マインドマップを作成できるアプリは多数存在
する。どのアプリでも基本的な機能に違いはな
いので，好みによって選べばよい。ここでは
「SimpleMind」（図 7 -17）をとりあげる。Sim-
pleMind は Lite（iOS 版では無印）が無料アプ
リ，Pro が有料アプリとして提供されている。
まずは Lite を使ってみて，Pro の機能も使いた
いと考えたならば Pro を購入すればよい。iOS
端末なら App Store から，Android™ 端末なら
Google Play から，通常どおりダウンロード，
インストールできる。インストールが成功すれ
ば，アイコンをタップすればアプリが起動する。

図 7 -17　SimpleMind
アプリ

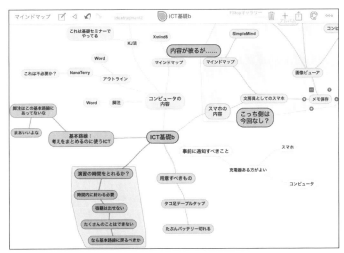

図 7 -18　SimpleMind 実行中画面

　図 7-18に，SimpleMind でマインドマップを描いた様子を示す。Sim-pleMind では，このようなマインドマップが手軽に描ける。

4.　構造化とアウトライン

　発想法を用いて発想を伸ばし，またまとめていくことで，何らかの主題について自分の「言いたいこと」が見出せるようになる。それが自分なりの「結論」である。情報メディアを活用する目的のひとつは，いろんな主題について，資料や情報の助けを借りて，この自分なりの結論を見出すことである。

　そのようにして見出した結論を他者に伝える必要があるとき，単に結論のみ伝えても，他者にとっては理解しづらい。自分がどのようなことを根拠にし，どのような論理をたどって結論に至ったかを，結論と一緒に伝える必要がある。つまり，結論はその結論を支える構造とともに伝えられねばならず，そのためには構造がどのようなものであるかを自分自身として把握しておかなければならない。このような構造の把握のため，あるいはその構造を他者に説明するために作成するのが「アウトライン」である。

（1）アウトラインとは

　アウトラインとは，これから書こうとしている内容を，構造立てた箇条書きで示したものである。アウトラインでは，まず大きな項目を示し，その項目の中に小さな項目を挙げていくかたちで箇条書きにする。大きな課題にいきなり取り組むのは困難だが，その困難をまず大きく分割し，さらに細かく多数の小部分に分けていけば，ひとつひとつを取り組みやすい小さな課題として解決していける。大きな課題を「小さな課

題の集合体」として記述するのがアウトラインであり，そのひとつひとつの要素は，自分の結論を支えるパーツとなる。

　たとえて言うならばアウトラインは，これから述べようとしていることの，骨格または設計図である。アウトラインを作成することで，各項目で行うべきことを明確にできる。どの箇所では何を伝えるかを明確にすることで，自らの論理が破綻することを防ぎ，他者に伝わりやすい内容を作り上げられる。

（2）Microsoft Word のアウトライン機能

　このようなアウトラインを簡単に作るための機能として，さまざまなソフトウェアが「アウトライン機能」と呼ばれるものを用意している。どのようなものを使ってもかまわないが，ここでは Microsoft Word のアウトライン機能を紹介する。

a．ナビゲーションウィンドウの表示

　Word でアウトライン機能を使うには，アウトライン・モードを使う

図7-19　Microsoft Word ナビゲーションウィンドウ（左側）

方法が古くから用意されているが，現在では「ナビゲーション ウィンドウ」を使うのが簡便である（図7-19）。ナビゲーションウィンドウを表示させるには，メニューから「表示」タブ→「表示」グループの「ナビゲーション ウィンドウ」にチェックを入れる。すると，Wordのウィンドウ左側にナビゲーションウィンドウが表示される。通常はこの状態でアウトラインが表示できるが，もしうまく表示されない場合，ナビゲーションウィンドウ上部の「見出し」をクリックすればよい。

b．ナビゲーションウィンドウへの項目の追加

　ナビゲーションウィンドウに項目を追加するためには，Wordの文書中の文字列に「見出し」スタイルを設定すればよい。見出しスタイルは「見出し1」〜「見出し9」の9段階が用意されている。見出しスタイルの設定されていない文字列はナビゲーションウィンドウには表示されないので，見出しスタイルの設定されている文字列のみを見て，文書の構造を把握できる。

　見出しスタイルの設定には，通常の「ホーム」タブ→「スタイル」グループを使う方法のほか，キーボードショートカット「Shift＋Alt＋→」「Shift＋Alt＋←」が使える。すでに見出しスタイルが適用されている文字列にカーソルがある状態でこのキーボードショートカットを使うと，前者は「見出しレベル上げ」，後者は「見出しレベル下げ」を行う。

c．ナビゲーションウィンドウでの見出しレベル変更と項目の移動

　ナビゲーションウィンドウの表示設定は，ナビゲーションウィンドウ内を右クリックすることで行う（図7-20）。右クリックメニューから，現在の項目の見出しレベルを上下に変更できる（「レベル上げ」「レベル下げ」）。また，たとえば「新しい見出しを前に挿入」などを選択するこ

とで，新しく見出しを入れることもで
きる。

　ナビゲーションウィンドウの各項目
をドラッグ＆ドロップすることで，見
出し項目を，その項目に含まれる本文
ごと移動できる。このとき，見出し項
目を折りたたんでいれば，中に含まれ
る見出し項目（とそれに付随する本
文）も一緒に移動する。

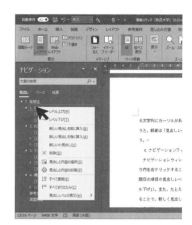

図7-20　ナビゲーションウィ
ンドウ　右クリック
メニュー

d．ナビゲーションウィンドウによる 文書内ジャンプ

　ナビゲーションウィンドウ上で各項
目をクリックすれば，文書中でその見出しがある位置に移動できる。こ
の機能は非常に重要な機能である。というのは，構造的な執筆を心がけ
る場合，最初から順番に執筆していくことはほとんどなく，取り組みや
すいところから執筆していくのが通常だからである。ナビゲーションウ
ィンドウを使えば，自分が今から執筆しようとしている箇所に瞬時に移
動できるため，文書がどれほど大きくなっても，文書をスクロールして
必要な箇所に移動する手間がかからない。

5．おわりにかえて

　本章では，情報メディアから得られた情報を活用し，自分の考えをま
とめていくための発想法と，それらまとめを記述していくためのアウト
ラインについて述べた。ひとむかし前までは，これらの方法は紙とペン

で行われていたであろうし，現在でも多くはアナログに行われているであろう。ある意味で今回紹介したのは，アナログな手法で行われていることを，そのままデジタルに移し替えたもの，と言えなくもない。デジタルネイティブの時代にはデジタルネイティブの方法論があるかもしれず，それは今回紹介した手法とは違うのかもしれない。

　しかしそうであっても，直感的な「わかりやすさ」という点で，アナログの手法にも大きな利点があると信じる。特に発想法については，自分の中でもやもやしていたものが，「ああそうだったのか，なるほど」と腑に落ちるようになるために，「わかりやすさ」が重要だと感じる。デジタルの手法は有効だが，それと並行して，一度はアナログの手法でもこれらの発想法を試してみていただきたい。付箋をホワイトボード上に貼り広げたり，大きな紙に鉛筆で矢印を伸ばしてみたりといった体感的作業を行った記憶が，デジタルデバイスで行う同様の手法によって呼び起こされ，考えをまとめる作業が少し楽しくなるだろう。

学習課題

1．IdeaFragment2 を使って，何らかの主題について KJ 法で考えをまとめてみよう。
2．XMind 8を使って，何らかの中心トピックから発想を伸ばし，マインドマップに描いてみよう。

〉〉注記

以下の注記について，URLはすべて2021年3月12日に確認した。

1)　株式会社アンド著．思考法図鑑：ひらめきを生む問題解決・アイデア発想のアプローチ60．翔泳社，2019，197p.

2)　戸田山和久．思考の教室：じょうずに考えるレッスン．NHK出版，2020，p. 174.

3)　KJ法について詳しくは，以下の文献を参照。川喜田二郎．発想法：創造性開発のために．中央公論社，1967，202p，（中公新書）．；川喜田二郎．続　発想法：KJ法の展開と応用．中央公論社，1970，316p，（中公新書）．；川喜田二郎．KJ法：渾沌をして語らしめる．中央公論社，1986，581p.

4)　"思考支援ツール　IdeaFragment2"．ねこみみの世を忍ぶ仮のホームページ．http://nekomimi.la.coocan.jp/freesoft/ideafrg2.htm

5)　"フリーソフトウェアの倉庫"．ねこみみの世を忍ぶ仮のホームページ．http://nekomimi.la.coocan.jp/freesoft/index.htm

6)　"ホーム：無料で使えるマインドマップ　ソフト│XMind"．XMind．Ltd. https://jp.xmind.net/

＊図7-19〜20はマイクロソフトの許諾を得て使用しています。

8 | 情報メディア記述のルール

高鍬裕樹

《目標＆ポイント》 既存の著作物を活用して新しいコンテンツを制作する場合に必要な作法としての「引用」の方法について解説する。また，情報メディアの記述法について，伝統的方法や科学技術情報流通基準に合わせた方法について解説したうえで，PC を用いて自動的に形式を整える方法について解説する。
《キーワード》 著作権法，カギカッコの引用，字下げの引用，要約する引用，注記式参考文献目録方式，バンクーバー方式，ハーバード方式，SIST02

1. 情報メディア記述の必要性

　人びとは知識を得るために，情報メディアを参照する。単なる娯楽のためならともかく，知識や情報を得てそれらを活用しようとする場合，参照した情報メディアを，何らかのかたちで記録しておかねばならない。そしてその記録の際には，一定の方法で記述するのが望ましい。それが情報メディア記述のルールであり，伝統的方法や，科学技術情報の流通のために定められた方法が存在する。

　知識の内容そのものではなく，それが記録された媒体である情報メディアを記録しておかねばならない理由は 2 つある。ひとつは，その記録が「引用」のために必要だからである。ふたつめに，他者もしくは自分が，自分の参照した内容に立ち返りたいとき，どこからその内容を得たのかを明確にしておくことが必要だからである。

（1）著作権法

　まず引用について，著作権法からその必要性を述べる。他者の著作物を自分の著作の中に転記する行為は，著作権法上「複製」とみなされる。著作権法はその21条において「著作者は，その著作物を複製する権利を専有する」と定めており，本来ならばこの行為は，著作者の許諾を必要とする行為である。

　しかしながら，すべての引用について著作者の許諾を得ねばならないとすると，そのために必要な作業は膨大となり，著作物の健全な活用が妨げられることになる。そのため，著作権法は，特定の条件下においては著作者への許諾申請を省略し，自由に利用してよいとの規定を置いている。それが著作権法32条の規定であり，以下のように定めている。

> 　著作権法32条　公表された著作物は，引用して利用することができる。この場合において，その引用は，公正な慣行に合致するものであり，かつ，報道，批評，研究その他の引用の目的上正当な範囲内で行なわれるものでなければならない。

　この条項は，公正な慣行に合致するものであり，引用の目的上正当な範囲で行われるものであれば，公表された著作物を複製して利用することを認めるものである。引用は著作権法上認められた行為であり，引用であると判断できる限り，著作物は相当程度自由に利用できるといえる。

　「公正な慣行に合致し，引用の目的上正当な」範囲について，通常は以下の３点を満たす場合をいう。引用を行う場合，この範囲で行うよう留意しなければならない。

①引用文が，自分の叙述に対して従であること
②引用の必要性が認められること
③原則として，引用しようとする著作物の１／２を超えないこと

　加えて引用の場合，出典を明示する必要もある。著作権法48条では，「次の各号に掲げる場合［32条を含む：引用者注］には，当該各号に規定する著作物の出所を……明示しなければならない」と定めている。このため，引用を行う際には「出所を明示」する必要があることになる。出典を明示しない場合，その引用は著作権法の規定に反しており，不適切である。

（２）確認可能性の担保

　このように著作権法が引用に関する規定を置いているのは，知識や情報を活用するうえで，引用が不可欠だからである。引用はまず，公表された他者の著作物への参照を明確にすることで，それら著作物を作りあげた先人への敬意を表す。学問的な意味での著作物は，これまでの人びとが作りあげた業績の上に「乗っかる」ものであり，その基盤となる業績に対して正当な評価を与える行為が「引用」である。

　そのように敬意を表すと同時に，自分が参照した情報元を明確に示すことで，自分の著作物を読む人に対して，元の文章が実際に書いてあるかどうか確認できるようにすることも，引用の役割である。自分は元の著作物を読んでいるため，その内容を把握している。しかし，自分の著作物の読者にとっては，引用元の著作物は未参照の場合があり，実際に引用されたように書いてあるかどうか確信が持てない。そのため，読者に対して確認可能性を担保し，自分の記述が正しいことを確認できるようにしておくことが必要で，そのために出典が明示されねばならない。

確認可能性を担保する必要が，出典を明示しなければならない理由である。

2.　引用のしかた

　上記のとおり，他者の著作物を参照し自分の記述のなかへ転載したいと思う場合には，引用の形式をとらねばならない。そして，自分が行った他者の著作物への言及が引用であると認められるためには，3つの原則を守らねばならない。それは，「本文で著者に言及する」，「本文と引用文を区別する」，「出典を明示する」の3つである。以下，それぞれについて解説する。

（1）引用の原則1：本文で著者に言及する

　引用の原則のひとつめは，「本文で著者に言及する」ことである。他者の記述に言及したい場合，その記述の内容のみに言及するのではなく，その記述をした人物（あるいは文献）に本文で言及することが必要となる。すなわち，「高鍬は〜と述べる」「田嶋によれば〜である」といったように，本文で引用元の著者に言及しておかねばならない。

　例を挙げよう。本書第3章「情報通信の基盤とその活用」では，インターネットの通信方式として「パケット交換方式」に言及した（p. 41）。この部分を参照してパケット交換方式による情報伝達の利点について述べたいとき，自分の文章として以下のように述べてはならない。

> 　パケット交換方式による情報伝達の利点は，通信回線を共有できること，および，いずれかの経路に障害があっても障害を迂回できることである。

この文章は，情報元の明示ができていない単なるコピーであり，剽窃になりかねない。適切な引用とするには，本文で著者に言及するかたちをとらねばならない。たとえば以下のような記述となる。これは，後述する「要約する引用」のかたちで述べたものである。

> 高鍬裕樹は，パケット交換方式による情報伝達の利点について，通信回線を共有できること，および，経路に障害があっても別の経路を通すことで障害を迂回できることだとしている[1]。

このようなかたちで，誰の著作物に言及しているのかを明確にしたうえで，何らかの方法で出典を明示しなければならない（今回は後述の，注記式参考文献目録方式の番号を付している）。

本文で著者に言及するとき，初めて言及する人物の場合は姓名（フルネーム）で言及し，2回目以降は姓のみで言及する。ただし，同じ姓の著者が複数いる場合には，区別のため毎回姓名で言及してよい。

（2）引用の原則2：本文と引用文を明確に分ける

引用の原則のふたつめは，本文（執筆者の記述）と引用文（他者からの参照）は明確に分けなければならない，ということである。通常，引用の方法は3通りとされるが，どの方法であっても，本文と引用文は明確に区別されている必要がある。

a．カギカッコの引用

まず知っておかねばならないのは，カギカッコを使う引用のかたちで

ある。この方法は参照したい部分を直接自分の文章の中に表示するので，「直接引用」といわれる。例として，本書第3章2-(2)-a「共通鍵暗号方式とその欠点」を参照して，鍵配送問題について説明する文章を書くと以下のようになる。

共通鍵暗号方式には「鍵配送問題」があるといわれる。鍵配送問題とは，高鍬によれば，「暗号化して送りたい（秘密にしたい）情報とは別の経路で暗号化の鍵を送る必要があること」[1]である。高鍬は，共通鍵暗号方式の場合に情報通信が秘密に保たれるのは「情報の送り手と受け手が共通の暗号化の鍵を持っており，第三者は鍵を持っていない場合のみ」[2]であるとする。そのうえで，……

1)　高鍬裕樹・田嶋知宏『情報メディアの活用』4訂版，放送大学教育振興会発行，2022，p. 46。
2)　同書。

　カギカッコの引用の場合，カギカッコの中の文章はすべて引用文である。カギカッコの中の引用文は，一字一句変更してはならない。仮に，文の中に明らかな間違いがあったとしても，修正せずそのまま引用する。

ｂ．段落引用（字下げの引用）

　カギカッコを使わず，引用する部分を段落として独立させて特別の形式を与える引用のかたちもある。これを「段落引用」や「字下げの引

用」といい，引用する部分が長い場合に使われる。例を挙げると以下のようである。

　共通鍵暗号方式には「鍵配送問題」があるといわれる。この鍵配送問題について，高鍬は以下のように説明している。

　　共通鍵暗号方式による情報通信が秘密に保たれるのは，情報の送り手と受け手が共通の暗号化の鍵を持っており，第三者は鍵を持っていない場合のみである。……共通鍵暗号方式の場合，暗号化の鍵は，暗号化した通信が伝達される経路とは別の経路で送ることで，暗号化の鍵が第三者の手に入っていないことを保証しなければならない。暗号化して送りたい（秘密にしたい）情報とは別の経路で暗号化の鍵を送る必要があることが，共通鍵暗号方式の「鍵配送問題」である[1]。

　すなわち鍵配送問題とは，暗号化の鍵を適切に配送することに困難があるということである。鍵配送問題があることで……

---

1)　高鍬裕樹・田嶋知宏『情報メディアの活用』4訂版，放送大学教育振興会発行，2022，p. 46。

　段落引用を行う場合，本文との区別のため段落の上下にアキを設けたり，段落の左側のインデントを字下げしたりなど，それとわかるように形式を変更する。段落引用も直接引用であるため，引用部分を一字一句そのまま使い，変更してはならない（ただし，例示のように，一部を省略することは許される）。

ｃ．要約する引用
　引用部分が非常に長く，そのすべてを掲載すると冗長になったり，示したいポイントがわからなくなる場合には，内容を要約して引用することも行ってよい（これを「間接引用」という）。この場合，どの部分が引用であるのかが明確になるように文章を工夫する必要がある。例を挙げると以下のようである。

　共通鍵暗号方式には「鍵配送問題」があるといわれる。高鍬によれば鍵配送問題とは，暗号化の鍵を送る際の経路を通信の経路とは別にしなければならないことである[1]。

---

1)　高鍬裕樹・田嶋知宏『情報メディアの活用』4訂版，放送大学教育振興会発行，2022，p. 46。

　要約する引用では参照元の文章を自分の言葉で言いかえるので，本文と引用文の区別がつきづらくなる。そのため，前2者の場合よりもさらに注意して，読者が本文と引用文を区別できるように書かねばならない。

（3）引用の原則３：出典を明示する

　引用の原則のみっつめは，「出典を明示する」ことである。出典とは，自身が言及した情報の入手元のことである。出典を明示することで，先に述べたとおり著者が参照した文献を読者も参照でき，著者の出した情報（あるいはその解釈）が誤っていないか確認できるようになる。

　出典の明示のしかたは，注記式参考文献目録方式，バンクーバー方式，ハーバード方式の３つが一般的である。これら以外の方式を含めどの方式を使ってもよいが，ひとつのレポートの中では，方式は統一されていなければならない。

ａ．注記式参考文献目録方式

　注記式参考文献目録方式（The Chicago Manual of Style[1] での呼称 "Notes and Bibliography Style"。日本語訳は『シカゴ・スタイル研究論文執筆マニュアル』[2] による）は，出典を明示しなければならない箇所に通し番号を付与し，その番号に対応する脚注や文末脚注に出典を記述する方式である。この方式は，人文科学全般や一部の社会科学で使われているといわれ[3]，広く普及している。

　注記式参考文献目録方式では，すでに参照した文献から再度引用をとる場合にも，新しい番号を与える。直前の文献と同じものを参照する場合に「同書」「同上」「Ibid.」，すでに参照したことのある文献を再度参照する場合に「前掲」「op. cit.」などの略記が行われることも多い。本文中に付与する番号には通常「上付き文字」を用いる。

　注記式参考文献目録方式で出典を示した例を挙げると以下のようになる。

　　上記のとおり，高鍬・田嶋が共通鍵暗号方式の鍵配送問題について指摘している[1]。鍵配送問題の解決策として公開鍵暗号方式がある。公開鍵暗号方式の数学的側面については笠原・境の解説がある[2]。高鍬・田嶋は公開鍵暗号方式について原理を紹介しているのみ[3]だが，笠原・境では，RSA暗号など具体的な暗号技術について解説している[4]。……

---

1)　高鍬裕樹・田嶋知宏『情報メディアの活用』4訂版，放送大学教育振興会発行，2022，p. 46。
2)　笠原正雄・境隆一『暗号：ネットワーク社会の安全を守る鍵』（戸川隼人ほか編：インターネット時代の数学シリーズ　9）共立出版，2002。
3)　高鍬・田嶋，前掲1)，p. 46。
4)　笠原・境，前掲2)，p. 41-55。

　注記式参考文献目録方式での記述をする場合，ワープロソフトに備わっている「脚注・文末脚注」機能を活用すると，自動的に注記の番号を入力できる。内容を書き足したとしても自動的に番号の降り直しが行われるので便利である。

b．バンクーバー方式

　バンクーバー方式は，注記式参考文献目録方式と同様に本文中の引用箇所に番号を付するが，同じ文献を複数回引用するときには同じ番号を用いる方式である。米国国立医学図書館（National Library of Medicine：NLM）の"Citing Medicine"[4]が統一規定とされている。文末に番号順

に並べた引用文献一覧を表示し，本文ではこの文献一覧の番号で，文献を参照する。

　バンクーバー方式の例を挙げると以下のようになる。

　上記のとおり，高鍬・田嶋が共通鍵暗号方式の鍵配送問題について指摘している［1］。鍵配送問題の解決策として公開鍵暗号方式がある。公開鍵暗号方式の数学的側面については笠原・境の解説がある［2］。高鍬・田嶋は公開鍵暗号方式について原理を紹介しているのみ［1］だが，笠原・境では，RSA暗号など具体的な暗号技術について解説している［2］。……

---

［1］　高鍬裕樹・田嶋知宏『情報メディアの活用』4訂版，放送大学教育振興会発行，2022.

［2］　笠原正雄・境隆一『暗号：ネットワーク社会の安全を守る鍵』（戸川隼人ほか編：インターネット時代の数学シリーズ　9）共立出版，2002.

　バンクーバー方式では，本文中に付与された引用の番号は通し番号にならない。またバンクーバー方式では，引用箇所のページを記載せず，文献のみを挙げる。そのため，図書からの参照をとる場合，どのページから引用したかを明示しづらい。

　バンクーバー方式の出典表示について，Microsoft Word では「引用文献と文献目録」機能が使える[5]。必要に応じて活用されたい。

c．ハーバード方式

　ハーバード方式は，本文中の引用箇所に，引用したい文献の著者名と出版年，ページをカッコ（　）に入れて表示することで，文献への参照とする方式である。The Chicago Manual of Style では，同様の形式を「著者・日付方式」（Author-Date Style）と呼称している[6]。この方式の場合，文末に，著者名・刊行年順に並べた引用文献一覧を表示する。著者名は原則的に姓のみを表示するが，同じ姓の別の著者への参照がある場合，双方の姓名をともに表示する。同じ著者が同じ年に複数の文献を発表している場合，刊行年を 1996a, 1996b のように書き，それぞれの文献を区別する。

　ハーバード方式の例を挙げると以下のようになる。

　共通鍵暗号方式の問題点について，高鍬・田嶋は鍵配送問題を指摘している（高鍬・田嶋　2022　p. 46）。この鍵配送問題の解決策として公開鍵暗号方式が考えられる。公開鍵暗号方式のうち RSA 暗号方式について，笠原・境が数学に基づいた説明をしており（笠原・境　2002　p. 41-55），また辻井（2012）はその歴史について述べている。

笠原正雄・境隆一，2002，『インターネット時代の数学シリーズ9　暗号——ネットワーク社会の安全を守る鍵』共立出版.

高鍬裕樹・田嶋知宏，2022，『情報メディアの活用』4 訂版，放送大学教育振興会発行.

辻井重男，2012，『暗号——情報セキュリティの技術と歴史』講談社.

　ハーバード方式の場合，番号を使わずに文献を参照するので，本文を書き加えて新しい注記を入れる必要が生じたとしても，番号を振りなおす必要がない。ワープロソフトの機能を使わないならば，簡便な手法である。

　ハーバード方式の文献一覧の出力には，バンクーバー方式の場合と同様に，Microsoft Word で「引用文献と文献目録」機能が使える。必要に応じて活用されたい。

3. 情報メディアの記述形式

　上記のようなかたちで他者の著作物に参照し，出典を明示する。出典を明示する際には，適切な箇所から情報を取得し，その情報をふさわしい形に整えねばならない。

（1）出典の情報元
a．図書の場合：タイトル・ページ，奥付

　『日本目録規則』2018年版では，「資料にタイトル・ページ，タイトル・シートまたは…がある場合は，これを優先情報源として使用する」[7]としており，まずタイトル・ページなどから情報を得るとしている。タイトル・ページは「出版物の冒頭にあり，当該出版物の本タイトル，加えて通常は責任表示，出版表示などの情報を表示するページ」のことであり[8]，標題紙ともいわれる。タイトル・ページは多くの場合表紙ではなく，カバーや表紙を取り去った後の，紙の束になった図書の最初のページである。

　タイトル・ページの情報のみでは不十分な場合，以下の順で優先的に情報を収集する。

・奥付

・背・表紙またはカバー

・キャプション

ｂ．雑誌記事の場合：タイトル・ページ，表紙

　雑誌記事は，タイトル・ページを優先情報源とする原則は同じであるが，タイトル・ページで十分な情報が得られなかった場合，以下の順で優先的に情報を収集する。

・背・表紙またはカバー

・キャプション

・奥付

ｃ．上記以外の場合の原則

　上記の２者以外にも，世の中にはさまざまな情報メディアがある。それら情報メディアに関してどこから情報を得るべきかについて，大きな原則を述べておくならば，「なるべく情報源の本体に近いところから情報を取得する」ことである。科学技術振興機構の『参考文献の役割と書き方』によれば，出典を記述するのに必要な情報は，「著者に関する書誌要素」（著者名，編者名等），「標題に関する書誌要素」（書名，誌名，論文標題等），「出版・物理的特徴に関する書誌要素」（版表示，出版社，出版年，巻・号・ページ等），「注記的な書誌要素」（媒体表示，入手方法，入手日付等）である[9]。それらを，なるべく情報源の本体に近いところから取得する。

　たとえば，動画を収録した DVD があったとする。その動画 DVD の本体は「動画」であって，DVD の「ケース」や「帯」などは動画本体の付属資料である。そのため，優先的に取得すべきは，動画本体に近い

「動画中のタイトル・フレーム」や「タイトル・スクリーン」からの情報である。その箇所では十分な情報が得られない場合には，DVD本体に印字されている情報，あるいはケースなど他の場所にある情報も活用する。このように，なるべく情報源の本体に近いところからの情報を優先して取得するのが，出典の情報元に関する原則である。

（2）日本の伝統的文献記述法

　情報メディアの記述形式について，日本では伝統的に，日本独自の記号を駆使した文献の記述法が使われてきた。その方式では，カギカッコ（「」）を用いるのは論文名であり，二重カギカッコ（『』）を用いるのは書名または雑誌名である（例外として，カギカッコに囲まれた中にあるカギカッコは二重カギカッコに変更する）。複数の著者を並べるときにはナカグロ（・）を用いる。定評あるさまざまな書籍で基本的に同じ形態の文献記述が用いられており，この方法に従うのが，他に指定がない場合には適切と思われる。

　この伝統的記述法に準拠したうえで，注記式参考文献目録方式に対応した文献の記述法として，日本図書館情報学会の執筆要綱を挙げる[10]。この執筆要綱から，邦語文献の記述例を示すと以下のようである。

単行本：
　長谷川昭子『専門図書館における現職者教育と個人の能力開発』風間書房，2013，p. 235-268.

単行本中の論文：
　長塚隆「MLAにおけるデジタル情報技術の活用」日本図書館情報学会研究委員会編『図書館・博物館・文書館の連携』

（図書館情報学のフロンティア10）勉誠出版，2010，p. 75-91.
雑誌論文：
稲垣文彦・筑波匡介「新潟県中越大震災に関する記録の収集と活用：主に利活用の観点から」『情報の科学と技術』vol. 64, no. 9, 2014, p. 366-370.　引用は p. 369.

また，伝統的記述法に準拠したうえで，ハーバード方式の注記をとるものとして，日本社会学会の『社会学評論スタイルガイド』を挙げる[11]。このスタイルガイドから，邦語文献の記述例を示すと以下のようである。

単行本（単著）：
小熊英二，1995，『単一民族神話の起源──〈日本人〉の自画像の系譜』新曜社．

単行本（共著）：
宮島喬・梶田孝道・伊藤るり，1985，『先進社会のジレンマ』有斐閣．

単行本中の論文：
舩橋晴俊，1998，「環境問題の未来と社会変動──社会の自己破壊性と自己組織性」舩橋晴俊・飯島伸子編『講座社会学　12　環境』東京大学出版会，191-224.

雑誌論文：
佐藤嘉倫，1998，「合理的選択理論批判の論理構造とその問題点」『社会学評論』49(2)：188-205.

　本項で紹介した2つの方法について，大きな違いは出版年の位置である。注記式参考文献目録方式の場合，出版年はタイトルや出版者よりも後ろに配置される。ハーバード方式の場合，出版年が著者のすぐ後に配置される。それ以外にも，サブタイトルに「：」（コロン）を使うか「——」（倍角ダッシュ）を使うかなど細かい違いはあるが，基本的な記号法は同じである。日本における伝統的な文献の表記法は上記のようなものである。

（3）SIST02

　SIST（Standards for Information of Science and Technology：科学技術情報流通技術基準）は，科学の学術情報流通のために，独立行政法人科学技術振興機構が策定した基準である。1980年に最初の SIST が発表され，SIST02「書誌的情報の記述」が示された。SIST02 はその後改訂の中で「参照文献の書き方」と名称が変更され，2007年改訂版（SIST 02：2007）が最終版である[12]。この SIST02 に則った文献記述のしかたは科学技術の分野で広く普及している。

　SIST02 では二重カギカッコ（『　』）などの日本語特有の記号を使わず，記述の順序でそれぞれの書誌要素の区別を示す。基本的にピリオドとコンマ以外の記号を使わないが，単行本中の論文の場合など，論文タイトルと書名などが区別しづらい場合にのみ二重引用符（" "）を用いる。書誌要素の区切りにはピリオドを使い，同じ書誌要素が複数存在する場合にはその区切りにコンマを用いる。日本語の文献について，『参考文献の役割と書き方』から記述法の例を示すと以下のようである。

単行本：
坂村健．グローバルスタンダードと国家戦略．NTT 出版，2005，272p.，（日本の＜現代＞，第9巻）．

単行本中の論文：
村主朋英．"医学分野における動向"．電子メディアは研究を変えるのか．倉田敬子編．勁草書房，2000，p. 59-97.

雑誌論文：
松原茂樹，加藤芳秀，江川誠二．英文作成支援ツールとしての用例文検索システム ESCORT．情報管理．2008，vol. 51，no. 4, p. 251-259.

SIST02 は出版年を後ろに配置しているため，SIST02 を用いる場合はハーバード方式の注記はしづらい。『参考文献の役割と書き方』では，文献と本文の関連付けとしてバンクーバー方式を前提としていると述べている[13]。この点には注意が必要であろう。

4．情報メディアの記述形式を自動的に整える方法

　上記のように，情報メディアの記述形式は分野によってさまざまであり，「この方法に従っておけば間違いない」という統一的なものは存在しない。また，文献の記述法は覚えづらいものであり，慣れるまでは文献を記述するたびに，どのように記述すればよいか悩まねばならない。そのため，情報メディアの記述形式を自動的に整える方法が複数用意されており，文献を指定したり要素を入力したりすれば，適切な形式に記

述された文献情報が手に入るようになっている。これらの方法の活用は必須ではないが，知っておくと楽ができるものである。

（1）DiSCUS の文献形式設定機能

本書第 6 章で紹介した DiSCUS は，文献入力ヘルパーから文献を登録すれば，文献の形式を整えて文献情報ウィンドウに表示する。この表示形式は任意に設定でき，登録した後に変更することも可能である。以下で具体的な方法を解説する。

図8-1　DiSCUS コントロールパネル（文献形式ボタン）

まず DiSCUS のコントロールパネル左側の「文献形式」ボタンをクリックする（図8-1）。すると，文献形式設定ウィンドウが表示されるので，これから文献に適用したいスタイルを選んで「形式変換」ボタン（図8-2）を押せばよい。この操作で，登録されている文献（文献を何らかの方法で抽出している場合は，抽出中の文献）の形式がまとめて変更される。DiSCUS

図8-2　DiSCUS 文献形式設定ウィンドウ

の文献形式設定は自分でカスタマイズできるので，必要があれば既存の形式を修正，または新規作成できる。

DiSCUS は登録した文献の形式を後から変更できるようにすることで，ある学会の投稿規定に合わせた文献形式を，別の学会の投稿規定の形式に，簡単に変更できる。文献形式を後から変更できる機能自体は

小・中・高校で意味があるとはいえないが，文献の記述要素を NDL オンライン等から自動的に切り取ってきて，その要素を用いて文献の形式を整える機能は，文献の形式を適切に記述するうえで役に立つだろう。

（2）Google Scholar

　Google Scholar[14) は検索で表示される文献について，MLA, APA, ISO 690 のスタイルでの表記を自動的に行う機能を持つ（図8-3）。この機能は，文献を指定すれば形式を整えた記述が得られるという意味で，英語圏の文献であれば簡便な方法である。

　残念ながら今のところ，日本語の文献についても海外（英語圏）のスタイルを適用してしまうので，日本語の文献は適切に形式を整えられない。そのため現時点では，英語の論文を扱う大学生や大学院生ならばと

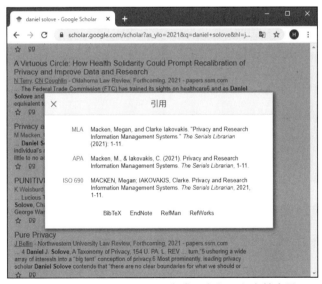

図8-3　Google Scholar 書式に合わせた文献表示

もかく，小・中・高校での文献表記としてはあまり役に立たない。しかし，「文献を指定すれば形式を整えて表示してくれる」のは簡便であり，日本語対応を期待したい。将来的に，海外のように標準的な文献の表記法がある程度定まったならば，Google Scholar や CiNii Articles 等が自動的に，スタイルに合わせた文献記述をしてくれるようになるのかもしれない。

（3）Microsoft Word の「引用文献と文献目録」機能

　Microsoft Word にも，文献の形式を整えて出力する機能として「引用文献と文献目録」機能がある。使い方は以下のようである。

　メニューから「参考資料」タブを選ぶと，その中に「引用文献と文献目録」グループがある。ここで「引用文献の挿入」ボタンをクリックすると，「新しい資料文献の追加」と「新しいプレースホルダーの追加」が選択できる（図8−4）。「新しい資料文献の追加」を選択し，「資料文献の編集」ウィンドウで文献の書誌要素を入力すれば（図8−5），「参考資料」メニューから「文献目録」が入力できるようになり，これまでに入力した文献を一覧で出力できる。

　しかしながらこの機能は，文献の記述要素を自力で入力しなければな

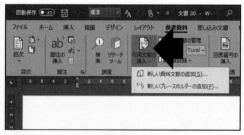

図8−4　Microsoft Word 引用文献の挿入

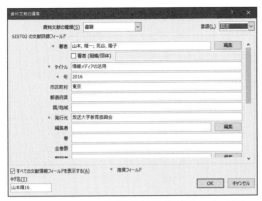

図8-5　Word 資料文献の編集ウィンドウ

らない点で，手間の増加につながる。文献の形式を後から変更できると
いうメリットはあるが，研究者以外で，文献の形式を後から変えなけれ
ばならない事態はあまり想像できない。DiSCUS やその他の文献管理ソ
フトウェアを使うか，あるいは単に記述したものをコピー＆ペーストし
て再利用するほうがよい。

（4）日外アソシエーツ「『引用・参考文献の書き方』作成テンプレート」

　SIST02 のみの書き方についてであれば，日外アソシエーツのウェブ
ページ中に，「『引用・参考文献の書き方』作成テンプレート」[15]（図8-
6）が存在する。

　このページは，図書，翻訳書，図書の中の1部分，雑誌記事，会議資
料の1論文，レポート1冊，Web サイト・Web ページについて，著者
名や書名，雑誌名，ウェブページタイトルなど必要な要素を入力すれ
ば，それらの要素を適切に組み合わせて SIST02 に沿った文献記述を作
成するものである。ブラウザでウェブサイトにアクセスできれば，ソフ

168

図8-6　日外アソシエーツ　「引用・参考文献の書き方」作成テンプレート

トゥェアをダウンロードやインストールしていなくても，文献記述をおおよそ適切に行える。SIST02のみで，かつ1回きりでよいのであれば検討の価値があろう。

　ただし，上記のWordの機能と同様に，文献の記述要素を入力しなければならず，しかもWordの機能と違って入力内容を保存しておけないので，WordがインストールされているならWordの機能を使うほうがよい。

学習課題

　興味のある学会（学問分野）を選び，その学会がどのような情報メディア記述のルールを持っているか調べてみよう。
　※「論文投稿規程」や「執筆要綱」などを調べると見つけやすいです。

》》注記

　以下の注記について，URLはすべて2021年4月12日に確認した。
1)　"The Chicago Manual of Style Online". University of Chicago Press.
　https://www.chicagomanualofstyle.org/home.html
2)　トゥラビアン，ケイト・L. 著，ブース，ウェイン・C. ／コロンブ，グレゴリー・G. ／ウィリアムズ，ジョセフ・M. ／シカゴ大学出版局エディトリアル・スタッフ改訂. シカゴ・スタイル研究論文執筆マニュアル. 沼口隆，沼口好雄訳. 慶應義塾大学出版会，2012，p. 202.
3)　同上。

4) "Citing Medicine 2nd edition : The NLM Style Guide for Authors, Editors, and Publishers". National Library of Medicine.
https://www.ncbi.nlm.nih.gov/books/NBK7256/

5) バンクーバー方式の注記を記述できるのは，文献スタイルのうち「IEEE」と「ISO690：参照番号」の2つである。

6) シカゴ・スタイル研究論文執筆マニュアル，前掲2），p. 304.

7) "第2部　属性＜属性の記録＞第2章　体現形　#2.0（通則）〜#2.2（責任表示）"日本図書館協会目録委員会編. 日本目録規則. 2018年版（最終更新2019年7月5日），p. 9.
https://www.jla.or.jp/Portals/0/data/iinkai/mokuroku/ncr2018/ncr2018_02_00-02_201812.pdf

8) "付録D　用語解説". 日本図書館協会目録委員会編. 日本目録規則. 2018年版（最終更新2019年3月10日），p. 18.
https://www.jla.or.jp/Portals/0/data/iinkai/mokuroku/ncr2018/ncr2018_d_201812.pdf

9) "参考文献の役割と書き方：科学技術情報流通技術基準（SIST）の活用". 独立行政法人科学技術振興機構，2011，p. 7.
https://jipsti.jst.go.jp/sist/pdf/SIST_booklet2011.pdf

10) 『日本図書館情報学会誌』執筆要綱，2016年10月8日改訂. 日本図書館情報学会. https://jslis.jp/wp-content/uploads/2018/01/w_out_161008.pdf

11) 社会学評論スタイルガイド. 第3版，2018年8月24日改訂. 日本社会学会.
https://jss-sociology.org/bulletin/guide/

12) 科学技術情報流通技術基準：参照文献の書き方　SIST02-2007. 独立行政法人科学技術振興機構. https://jipsti.jst.go.jp/sist/pdf/SIST02-2007.pdf

13) 参考文献の役割と書き方，前掲9），p. 17.

14) Google Scholar. https://scholar.google.co.jp/

15) 「引用・参考文献の書き方」作成テンプレート. 日外アソシエーツ.
http://inyo.nichigai.co.jp/

＊図8-4〜5はマイクロソフトの許諾を得て使用しています。

9 | テキスト自動認識の活用

高鍬裕樹

《目標＆ポイント》　PC へのテキストの入力方法として，キーボードを用い
る以外にも有効な方法が開発され活用可能になっている。手書き文字入力や
音声入力，光学文字認識，機械翻訳などについて，具体的な方法を解説す
る。
《キーワード》　手書き文字入力，音声認識入力，マークシート自動認識，光
学文字認識（OCR），機械翻訳

---

1. PC へのデータ入力

　古い言葉を使うならば，PC は「電子計算機」である。すなわち，何
らかのデータ入力を受けて，それに対しての計算結果を返すことが，PC
の初期の役割であった。現在ではもちろん，PC の役割はこのような狭
いものではない。しかしながら現在もなお，「電子計算機」の時代にも
使われていた入力デバイスが使われている。それは「キーボード」である。
　キーボードはたいへん効率的なデバイスであり，長きにわたって PC
への入力を担ってきた。現在でもその優位性は非常に高いものといえ，
PC 操作の第一歩はキーボードへの習熟であることは変わっていない。
しかし，近年の技術の発達により，キーボードを使うことなく PC にデ
ータを入力できる方法が多数生まれている。
　このことはすでにキーボードを使いこなせる者にとっても入力の選択
肢を増やすが，いまだキーボードに習熟していない人びとにとって，よ

り大きな意味を持つ。すなわち，キーボードに習熟せずとも，PCへデータを入力できるようになってきているのである。そして児童生徒は，このような「いまだキーボードに習熟していない者」であることが多いため，本章で述べる内容が大きな意味を持つであろう。

　このようにPCへの入力がキーボードを介さずに行えるようになったことの背景には，近年，機械学習が長足の進歩を遂げたことがある。ディープラーニング（深層学習）と呼ばれる手法が開発されたことで，音声認識や光学文字認識，機械翻訳の精度が格段に上昇した。それらの成果が取り入れられ，現在の人びとに恩恵を与えている。おそらくこれからもさまざまな技術が開発されると思われるため，技術の進展には注意を払わなければならない。

2. キーボードを使わずに行う文字の入力

　現在のところ，キーボードを使わずに行う文字入力には2種類が存在する。「手書き文字入力」と「音声入力」である。「キーボード」の定義によっては，スマートフォンでよく使われる「フリック入力」も「キーボードを使わずに行う文字入力」に入るが，フリック入力を快適に行うには相当の習熟が必要であるため，ここでは扱わない。本節で対象とするのは，すでに多くの人が身につけている技術（すなわち，そのために特別に習熟する必要のない技術）でPCに入力できる方法であり，その方法として「手書き文字入力」と「音声入力」を取り上げる。

（1）キーボードを使わないことの利点と欠点
　キーボードを使わずに文字入力を行うことには，利点も欠点も考えられる。列挙すると以下のようになる。

a．キーボードを使わないことの利点

　キーボードを使わないことの利点は，まず上記のとおり，キーボード操作に習熟する必要がないことである。日本語入力のためのキーボード操作は，現在のところ「ローマ字入力」が主流であるが，これはローマ字を知っていることを前提としている。しかしながら，学齢が小さな児童生徒にとっては特に，ローマ字はまだなじみのないものであり，ローマ字を用いて入力することには困難を抱える。もちろんキーボードには「かな入力」も用意されているが，日本語のかなは数が多く，それらの位置すべてを覚えて入力するのは大人であっても難しい。キーボードを使わずに入力できることで，PC に入力するためのハードルは大きく下がることになる。

　キーボードを使わないことの利点の2つ目は，場所を選ばない入力ができるようになることである。キーボードを用いる場合，当然ながら両手をキーボードに置いて操作する必要があり，キーボードを置いておく水平面が必要になる。すなわち，キーボードでの入力は立ったままの操作や片手だけでの入力などには不向きであり，効率的な入力には場所や環境を選ぶ。この点で手書き文字入力や音声入力は，入力が可能な環境の幅が広く，キーボードが使えない場合でも PC への入力を実現できる。

　ここからは特に音声入力についての利点になるが，利点の3つ目として，手が疲れにくいことを挙げたい。手書き文字入力の場合には，使い方は違えども結局のところ手を使っているので，手の疲労はそれほど軽減されない。しかし音声入力は，入力に手を用いる必要がないので，手の疲労が大幅に軽減される。

　最後に，利点の4つ目として，音声入力はキーボードを用いた入力に比べて高速に入力できることを挙げる。キーボードに相当習熟した者で

あっても，音声入力はキーボード入力の倍〜数倍の速度で入力できる。もちろん高速に入力できるからといって，文章を考える脳の働きまで高速化するわけではないので，作業が実際にどの程度高速になるかは未知数である。それでも，入力すべき文章が決まってさえいれば，音声入力はキーボード入力に比べて，相当高速な入力となる。

ｂ．キーボードを使わないことの欠点

　一方で，キーボードを使わないことには欠点もある。まず挙げておきたいのは，プライバシーの問題である。手書き文字入力の場合，PC やタブレット端末の画面に手書きしている文字がかなり大きく表示されることになり，誰からも見えやすい状態になる。音声入力の場合はさらに問題で，音声入力は入力したいことを声に出して発音する必要があるため，周りにいる人にその声が聞こえてしまう。周りに人のいない（他者に自分の声が聞こえることのない）環境であれば問題ないが，そうでない場合，入力する内容に注意しなければならないことが，キーボードを使わないことの欠点の１つ目である。

　次に，完全にキーボードなしで入力するのは逆に非効率となることを挙げたい。手書き文字入力であれ音声入力であれ，あるいはキーボードからの入力であれ，一定の入力間違いが発生することは避けられない。特に日本語の場合には，同音異義語の変換間違いが多く発生するため，それらを修正しなければならない。そのような入力間違いの修正には，手書き文字入力や音声入力は不向きである。「修正したい位置に移動して不要な文字列を削除する」という操作が，手書き文字入力や音声入力では困難であり，そういった修正作業にはキーボードを用いるほうがはるかに便利である。手書き文字入力や音声入力は，文章をざっくり入力するには非常に効率的な手段であるが，細かい修正には向いておらず，

キーボードを完全に捨て去ることはできない。

　3つ目に，記号などの入力がやりにくいことを挙げる。記号には形が似通ったものも多く，たとえば「；」と「：」と「！」を手書きで書き分けるのは至難の業である。空白文字の入力などにも困難があり，通常の文章以外のものは手書き文字入力や音声入力では入力しにくい。特に，プログラムやスクリプトを書く際にはこのような記号の入力が重要であり，手書き文字入力や音声入力でこれらを行うのはほとんど無理といえる。

　最後に，音声入力にはネット接続が必須であることを挙げておく。これは将来的には解決される問題かもしれないが，現在のところはまだ，音声入力を行うにはネットへの接続がほぼ必須である（オフラインでの音声入力は不可能ではないが，精度が格段に下がる）。音声を文字に変換するのはやはり負担の大きな処理であり，それぞれの端末は現在はまだ，その処理を実行するには力不足である。そのため，音声入力を行う場合，端末で入力された音声データがインターネットを通じてサーバーに送られ，サーバーが音声をテキストに変換して返送している。このことは，ネット接続がない場合に音声入力が使い物にならないという問題と，入力のために送信された音声のプライバシー保護に疑念があるという問題につながる。

　ここまで述べてきたように，手書き文字入力や音声入力には限界も多い。しかし，これらを用いることで，通常の文章であれば非常に効率的に入力ができるので，積極的に活用していくことが求められる。

（2）手書き文字入力

　ここからは，手書き文字入力の具体的な方法について解説する。手書き文字入力に関しては，PCで用いるには若干の困難を伴う。というの

は通常，PCは入力機器としてキーボードとマウスしか接続されておらず，画面に手書きして入力できる機種は一部にとどまるからである。手書き文字入力の主たる対象はタブレット端末であり，タブレット端末用の手書き文字入力アプリが存在する。本項では，手書き文字入力が可能なシステムとして，Android™端末の「Google手書き入力」，iOS端末の「mazec」，そしてWindowsタブレットで使えるOS標準機能の手書き文字入力を紹介する。

a．Android™の手書き文字入力：Google手書き入力

Android™端末で手書き文字入力を実現するには，アプリ「Gboard」など（図9-1）をインストールする。このアプリはインストール後はネットワーク接続を必要とせず，端末のみで手書き入力できる。

このような手書き入力アプリは，Android™端末の仮想キーボードとして機能する。インストールには必要な手順が多く若干面倒だが，いっ

図9-1　Google Play 手書き文字入力アプリ

たん設定が終わりさえすれば，あとは文字入力し
たいアプリを起動すれば，キーボード選択でそれ
ぞれのアプリが表示される。使い方は簡単で，手
書き入力領域にスタイラスペンや指で文字を手書
きしていくだけである。手書きしていくにつれ，
書いた文字が数文字ずつテキストに変換される
（Gboard による手書き入力の画面を示す：図9-
2）。

図9-2
Gboard 手書き入
力実行画面

　Gboard は，ひらがなからの漢字変換機能や，
予測変換機能を持たない。漢字を入力したい場合，その漢字を手書きす
る必要がある。

b．iOS の手書き文字入力：mazec

　iOS 端末には，代表的な手書き文字入力アプリとして「mazec」と「手
書きキーボード」（図9-3）の2つがある。この2つのアプリはともに
有料であり，導入のハードルが高いが，価格は mazec が1,000円程度，
手書きキーボードが500円程度なので，端末の価格のことを考えればそ
れほど高価ともいえない。ここでは，mazec について紹介する。
　mazec は，App Store からインストールできる。インストールと初回
の設定が終われば，iOS 端末のキーボードにある地球儀のボタンをタッ
プすることでキーボードが変更できるので，mazec が表示されるまでタ
ップすればよい（図9-4）。mazec は画面下部に表示され，入力待ち状
態になる。入力領域にスタイラスペンなどで文字を書いていけば自動的
に認識され，変換候補が mazec の上部に示される（図9-5）。変換候
補をタップすれば，その文字列が入力される。
　mazec の特徴として，かなと漢字を混在させた入力ができることを挙

図9-3　App Store 手書き文字入力アプリ

図9-4
iOS 端末キーボ
ード変更ボタン

げたい。たとえば「会議」という文字列を入力したい場合，「議」は字面のうえで複雑であり，手書きでの入力には手間がかかる。そのような場合に，「会ぎ」と入力することで，mazec の変換機能により「会議」と入力できる。このような，かなと漢字を混在させた入力ができることで，効率的な手書き文字入力ができるようになっている。また，予測変換に対応しており，よく使われる文字列，入力したことのある文字列については予測変換候補として表示される。

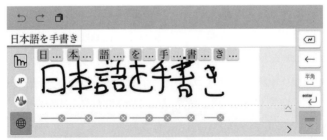

図9-5　mazec 手書き文字入力の様子

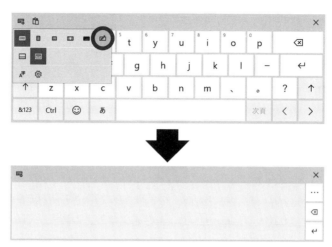

図9-6　Windows10 タッチキーボードを手書きモードに

ｃ．Windows の手書き文字機能

　手持ちの Windows10 の PC が画面のタッチに対応しているなら，OS の標準機能「タッチキーボード」で手書き文字の入力が可能である。タッチキーボードは，デフォルトの状態では，いわゆる QWERTY キーボードが表示され，日本語入力にはローマ字入力を用いることになる。しかしながら，設定によって手書き文字を入力するかたちに変更できる（図9-6）。

　スタイラスペンや指を用いて文字を手書きしていくことで，文字の入力が可能である。また，Windows の手書き文字入力には予測変換が用意されている。最初の数文字を入れれば，その文字から予測される入力文字列の候補を表示する（図9-7）ので，そこから選択して入力できる。入力を効率的に行ううえで，予測変換は便利な機能である。

図9-7　Windows10手書き文字入力の様子

　ただし，Android™端末やiOS端末の手書き文字入力と違い，Windows10の手書き文字入力は，手書きしたものが文字変換されるのに，ひと呼吸必要である。慣れないと，入力時にストレスを感じるかもしれない。

（3）音声入力

　次に音声入力の方法についてである。音声入力を行うためには，端末にマイクが接続されていなければならない。タブレット端末にはほとんどの場合内蔵マイクが存在し，またノートPCにも同様にマイクが内蔵されているため，あまり気にする必要はない。しかしデスクトップPCの場合，外付けマイクが必要になる場合があるので注意が必要である。

a．Gboard（Google 音声入力）

Android™ 端末では，Gboard を用いて音声入力できる。Gboard は，Google から提供されている無料のアプリであり，多くの端末でデフォルトの仮想キーボードとして設定されている（インストールされていない場合にも，Google Play から容易にインストールできる）。Android™ 端末でキーボードを表示させたとき，右上にマイクのアイコンがあれば，そのアイコンをタップもしくは長押しすることで，音声入力を起動できる（図 9−8）。

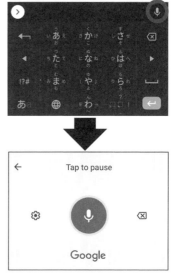

図 9−8　Gboard 音声入力

音声入力が起動すれば，Android™ 端末（のマイク）に向かって話をするだけで，音声がテキストとして入力される。読点（，）を入れたい場合には「とうてん」，句点（。）を入れたい場合には「まる」，改行したい場合には「あたらしいぎょう」と発声すると，それぞれが入力される。

音声入力を終了したい場合には，仮想キーボード左上の，左向き矢印のアイコンをタップすればよい。音声入力が終了し，元のキーボードが表示される。

b．iOS 標準機能の音声入力

iOS 端末では，OS の標準機能として音声入力が提供されているため，インストール作業を必要とせずに音声入力が実現できる。キーボードを表示させたときに最下段にあるマイクのアイコンが，音声入力のス

イッチである。このマイクアイコンをタップ
することで，音声入力を起動できる（図9-
9）。

iOSの音声入力機能では，読点（,）を入
れたい場合には「てん」，句点（。）を入れた
い場合には「まる」，改行したい場合には
「かいぎょう」と発声すればよい。音声入力
を終了したい場合には，キーボードの形をし
たアイコン（図9-10）をタップする。

図9-9
iOS 音声入力開始

注意点であるが，iOS端末の音声入力は，
キーボードの言語に影響されて，認識する言
語が変わる。英語キーボードを使っている状
態で音声入力を始めると，音声認識の言語が
英語になり，日本語は適切に認識されない。
逆に，日本語キーボードの状態で音声入力を
起動すると音声認識の言語は日本語になり，
英語を話しても適切に認識されない。音声入

図9-10
iOS 音声入力停止

力で日本語を入力したいときには，日本語キーボードの状態から始める
よう注意せねばならない。

c．Windows（Microsoft Word, PowerPoint）の音声入力

Windowsにも標準で「音声認識」の機能が用意されてはいる。しか
しながら，Windowsの音声認識機能はWindowsの操作を音声にて実現
するものであって，文章を入力することを主眼としたものではない。
Windowsの音声認識機能を起動すると意図しないところで音を拾って
しまう恐れがあるため，使用する場合には十分にこの機能について理解

したうえで使用する必要がある。

　本節で扱っているような音声入力機能を活用したい場合には，Microsoft Word と Power-Point に搭載された「ディクテーション」機能を使うほうがよい。ディクテーション機能では，日本語はまだプレビュー版扱いであるが，すでに実用的に十分な精度での音声入力ができる。ここでは Word を例にする。

　ディクテーション機能を起動するには，「ホーム」タブ→「音声」グループの「ディクテーション」ボタン（図9-11）をクリックすればよい（初回には，ディクテーションを行う際の準備として「日本語」を選択する必要がある）。

図9-11
Microsoft Word ディクテーション機能

ディクテーションボタンが録音モードに変更されていれば，音声入力中である。マイクに向かって話をすれば，話した内容がテキストとして Word に入力されていく。音声入力を明示的に止めるときには，ディクテーションボタンを再度クリックする。

（4）スマホ等のデバイスから PC へ，入力した文字を送る方法

　ここまで手書き文字入力や音声入力について紹介してきたが，これらの入力はそれぞれの端末の中に閉じたものであり，それぞれの入力を端末の外には原則として送信できない。しかしながら，少し工夫すれば，ここまで述べてきた手書き文字入力や音声入力を用いて，タブレット端末から PC へと，入力したデータを送信できる。そのための方法として，端末と PC を同じローカルネットワークに接続して送信する方法と，インターネットを通じて送信する方法がある。

a．ローカルネットワークで入力した文字を送信する

　ローカルネットワーク（第3章参照）を通じ
て入力を送信する場合にポイントになるのが，
タブレット端末を PC のマウスやキーボードに
するアプリである。一例として，Remote
Mouse（Android™ アプリ，iOS アプリ）を挙
げておく（図9-12）。そういったアプリは，タ
ブレット端末で行った操作を PC に反映させる
機能を持ち，タブレット端末のキーボード入力
を PC に流し込める。この方法の場合，キーボ
ードで入力ができるソフトウェアであれば何で
も入力が可能である。たとえば Excel やテキス
トエディタ，画像編集ソフトなど，さまざまな
もので活用できる。

図9-12
Google Play Remote
Mouse

　タブレット端末を PC のマウスやキーボードにするアプリのほとんど
は，タブレット端末側で入力した内容を PC 側で受信するためのサーバ
ーアプリを必要とする。これらのサーバーアプリは多くの場合，インス
トールを必要としない小さなソフトウェアである。PC 側でそれが実行
可能かどうか確認しておかねばならない。

　さらに機能が特化したものも存在する。西村誠一制作の「VoiceIn-
put」（http://www.asahi-net.or.jp/~tz2s-nsmr/VoiceInput/VoiceInput.
html）は，Android™ 端末の仮想キーボードに入力したものを Windows
PC に送信することに特化したアプリである。このアプリの主たる目的
は，名前のとおり，Android™ 端末で行った音声入力を Windows PC に
反映させることであるが，音声入力に限らず Android™ 端末で入力した
テキスト全般を PC に送信できる。そのため，Gboard などを使ってい

る場合，Android™ 端末で手書きや音声入力した内容を，VoiceInput を通じて PC に送信できる。

b．インターネットを通じて送信する

　上記のような，ローカルネットワークを通じての入力送信がうまくいかない場合，タブレット端末と PC がどちらもインターネットに接続されているならば，クラウドのサービスを通じて入力を受け渡すこともできる。この場合，入力を送信したい端末と受信したい端末を同じローカルネットワークに接続しておく必要はない。代わりに，両方の端末を，同じクラウドサービスにログインしておく必要がある。このようなかたちの入力受け渡しに使えるサービスとして，たとえば「Google ドキュメント」（図9-13）がある。

図9-13
Google Play Google ドキュメント

　Google ドキュメントは，PC からはブラウザでアクセスできるクラウドサービスであり，タブレット端末からは，アプリをインストールして使うドキュメントエディタである。Google ドキュメントのファイルをタブレット端末から編集すれば，その変更内容はほぼ即時にクラウドに送信され，別の端末で開いている同じファイルに反映される。この機能を用いれば，タブレット端末で入力した内容を，ほぼ即時に PC 側で取得できる。

3. 光学文字認識
(Optical Character Recognition : OCR)

(1) OCR とは

OCR とは Optical Character Recognition の略語で，画像から文字列を拾い出してテキストにすることである。現在では，タブレット端末はカメラを備えていることが多く，容易に画像を撮影できる。そしてそのように撮影した画像の中にテキストがあれば，画像に対して OCR を行うことで，文字列をテキストとして入力できるのである。

このように OCR を活用することで，すでに印刷されて紙の上にしか存在しないテキストも，タブレット端末や PC にテキストとして入力できる。

(2) OCR の実行方法

OCR を行うためには，対応するアプリが必要である。OCR を行えるアプリは，有料無料を問わず数多く存在するが，ここでは「Google Keep」（図9-14）を取り上げる。Google Keep はメモアプリであり，OCR を専門にするものではない。しかし，画像を撮影してメモにした後，その画像からテキストを抽出する機能を備えている。また Google Keep は，Android™ アプリ，iOS アプリとして存在するだけでなく，ブラウザを通じて PC からも自分のアカウントのメモにアクセス可能である。すなわち，タブレット端末で

図9-14 App Store
Google Keep

撮影した画像に含まれているテキスト
が，PC でも利用可能となる。

　具体的な方法は以下である。タブレ
ット端末の Google Keep を起動し，
画面下部のボタンから写真を撮影す
る。撮影した画像をメモとして保存
し，PC のブラウザで Google Keep に
アクセスすると，先ほどタブレット端
末で保存した写真が確認できる（図
9-15）。写真下部に表示されているボ
タンから「その他のアクション」（縦
3点アイコン）をクリックすれば，「画像
のテキストを抽出」が選べる（図9-16）。
「画像のテキストを抽出」を選択すれば，
写真に含まれる文字列がテキストとして抽
出される。抽出されたテキストは各行の終
わりで改行が付されるので，必要に応じて
改行を削除する。

図9-15　PC 版 Google
　　　　　Keep

図9-16　Google　Keep
　　　　　「画像のテキス
　　　　　トを抽出」

　この OCR と，次節で述べる機械翻訳を組み合わせれば，自分の読め
ない言語で書かれた印刷物の内容を，ざっくりと把握できる。読めない
言語で書かれているが，どうしても内容を把握せねばならない印刷物が
ある場合には，試みる価値があるかもしれない。

4. 機械翻訳

（1） 機械翻訳とは

　機械翻訳とは人の手を介さず，コンピュータによって行われる翻訳のことである。サービス（ソフトウェア）としては2000年頃にはすでに存在していたが，翻訳の制度はあまり高くなく，実用的なものとはみなされていなかった。Googleが2006年に「Google翻訳」を公開したときも，日本語としておかしな文章を返すことが多かった。しかしながら2016年頃，機械翻訳に「ニューラル翻訳」という新しい技術が導入され，精度が飛躍的に上昇する。現在では，簡単な文章であれば，日本語としてあまり違和感のない文章を返すまでになっている。

　機械翻訳は，さまざまな言語で書かれたテキストを，一部間違いは含むであろうが自分の理解可能な言語にしてくれる。このような技術を活用することで，言語が違うというだけの理由で把握できなかった情報を取得できるようになる。それは自分の世界を広げることになろう。

（2） 機械翻訳サイト

　2021年現在，機械翻訳を行えるサイトは複数存在する。ここに挙げるもの以外にも，より精度の高い翻訳を（有料で）提供するサイトやサービスはあるだろう。ここでは，無料（あるいはお試し版）で，簡便に使える翻訳サイトのみ紹介する。サイトによって翻訳のされ方に違いがあるので，必要に応じて使い分ければよい。

- ・Bing Microsoft Translator　https://www.bing.com/translator
- ・Google 翻訳　https://translate.google.co.jp/mi
- ・DeepL 翻訳　https://www.deepl.com/translator
- ・みらい翻訳　https://miraitranslate.com/trial

図9-17　Bing Microsoft Translator

　Bing Microsoft Translator の画面のみ示す（図9-17）。翻訳サイトの使い方は簡単である。サイトをブラウザで開き，翻訳したいテキストを適切な箇所に入力または貼り付けすればよい。多くの場合，入力したテキストの言語が自動認識され，機械翻訳された内容が日本語（または設定した言語）で表示される。

　入力するテキストが大量の場合，それを手入力するのは負担が大きいので，前節で述べた OCR を活用するのがよい。あるいは，ウェブページ上の文章など，翻訳したい内容がもともと電子的なテキストである場合は，その内容をクリップボードにコピーし，翻訳サイトに貼り付けることで，簡便にテキストを入力できる。

（3）機械翻訳を活用するデバイス

　上記のような音声入力や機械翻訳を活用し，テキストや音声で翻訳を提供するデバイスが，現在では実用化されている。本項では機械翻訳を

提供しているデバイスについて簡略に紹介する。

a．デバイスを活用する場面

　これらのデバイスが主たる目的としているのは，違う言語を操る人とコミュニケーションをとる手段となることである。これらのデバイスは，海外旅行の際や，海外から来た人を迎える際に，互いの意思疎通を行う手助けとなる。また他の国の言葉で書かれた印刷物などについて，その意味が知りたい場合にこれらのデバイスが役に立つ。翻訳のためのデバイスは，まずコミュニケーション支援のためにある。

　一方で，これらのデバイスは，使い方によっては語学の学習にも役立つと思われる。翻訳デバイスはほとんどの場合音声認識からの翻訳ができるので，発音の練習に役立てられる。ネイティブでない言語で話してみて，翻訳デバイスで正しく認識されるようであれば，その発音はおおよそ正しいと考えられる。また他国語の文章を読み上げてくれるので，リスニングの練習にもなる。翻訳デバイスを活用することで，これまではできなかったさまざまな学習法が可能になるだろう。

b．機械翻訳アプリ

　タブレット端末に機械翻訳のアプリをインストールすることで，タブレット端末で機械翻訳ができる。翻訳アプリとして有名なものは，「Google 翻訳」や「Microsoft 翻訳」（iOS アプリとしては「Microsoft Translator」）である（図9-18）が，それ以外にも多くの翻訳アプリが存在する。

　機械翻訳アプリの基本的な機能は2つである。ほとんどすべての機械翻訳アプリが持っている機能は「音声からの翻訳」である。タブレット端末のマイクから入力された音声を認識して翻訳する機能で，たとえば

図9-18　Google 翻訳／Microsoft 翻訳

日本語の音声を聞き取って他言語（英語等）に翻訳し，翻訳した内容を音声で返すことができる（図9-19）。

　機械翻訳アプリのもう1つの機能は「カメラからの翻訳」である。この機能は，タブレット端末のカメラで対象物を映すことで，映像の中に含まれているテキストを認識し，翻訳できる。カメラからの翻訳は，カメラで撮影中の映像が見づらい場合には当然ながら精度が低くなるので，精度の高い翻訳をさせようと思うと，映像がなるべくきれいになるように注意せねばならない。

図9-19
音声からの翻訳
（Microsoft Translator）

c．翻訳機

　機械翻訳が可能なデバイスとして，専用の翻訳機も存在する（一例としてポケトークを挙げる：図9-20)。価格は2万円から3万円台で，音声からの翻訳機能はほぼすべての機種で用意されている。それ以外に学習サポート機能があったり，カメラからの翻訳機能があるものがあって，さまざまな機能の有無や画面の大きさ等により価格が変動する。対応言語はオンラインだと30言語から

図9-20
ソースネクスト
ポケトーク S Plus

100言語程度であるが，機種によっては，数言語程度はオフラインでの翻訳にも対応する。タブレット端末の機械翻訳アプリよりもボタン等が少なく，簡便に使えるという利点がある。こういったものも，デバイスとして活用するべきである。

学習課題

1．何らかの手書き文字入力システムや音声入力システムを使ってみて，どれくらいの精度で認識するか，自分にとって快適な入力であるかを確認してみよう。
2．機械翻訳サイトで文章を入力してみて，どのくらいの精度での翻訳になっているかを確認し，どのように活用できるかを考えてみよう。

＊図9-6〜7，11，18〜20はマイクロソフトの許諾を得て使用しています。

10 動画コンテンツの作成と公開

高鍬裕樹

《目標＆ポイント》 現在では，動画の作成や編集が，かつてに比べて容易にできるようになっている。授業に用いるコンテンツとして動画を作成するためのソフトウェアについて解説する。また，それを児童生徒に視聴させるために公開・共有する方法について解説する。
《キーワード》 PowerPoint スライドショーの記録，Windows ゲームバー，iOS「画面収録」，OBS Studio，AviUtl，OneDrive，YouTube

1. 教育における動画コンテンツの意義

　2020年に発生した新型コロナウイルス感染症の蔓延は，教育における動画コンテンツの重要性に大きなインパクトを与えたと言ってよい。これまで，教育（授業）とは対面で行われるのが当然であり，動画コンテンツは補助的に用いられることがほとんどであった。ところが，新型コロナウイルス感染症に伴う緊急事態宣言のため，児童生徒が登校できない事態となり，対面での授業実施が困難となった。そのような中で，これまで学校で行われてきた授業を各家庭に届ける必要性が認識され，オンデマンドの動画配信や，オンライン会議システムを用いた遠隔授業が行われるようになった。

　オンデマンドによる配信には，動画コンテンツの保存が必要である。またオンライン会議システムには，その会議で行われた画面遷移や発言された音声を記録する機能が備わっている。授業がオンデマンドで行わ

れたり，リアルタイムであってもオンライン上で行われるようになったことで，それら授業の内容が必然的に動画として保存されたり，保存が必須ではないにしても容易に動画として保存できるようになった。このような動画は，当然ながら教育のためのコンテンツとして有用である。

　学校図書館はこれまでも，学内で制作されるコンテンツの作成支援，保存・管理を行うことで，次年度の教育に資するとの理念を有してきた。現実にその理念が実現されていたかどうかには心もとない部分があるが，少なくとも理念としては，学校図書館は学校内の教育コンテンツを収集し活用する機関として存在した。そうであるならば，動画コンテンツが学校内で多数作られる時代には，それらのコンテンツ作成，保存・管理への支援は学校図書館や司書教諭の役割である。「情報メディアのセンター」としての学校図書館の役割が，ここでも発揮されねばならない。

（1）動画コンテンツを作成する意義
ａ．児童生徒への教材として

　動画コンテンツを作成することには，まず児童生徒への教材としての意義がある。通常，授業はリアルタイムで行われ，その場にいなければ受けられない。しかし，上記のように学校が閉鎖され，人の集まる場を用意できない場合がありうる。また欠席等で，一部の授業にリアルタイムでは参加できなかった児童生徒がいることもありうる。そのような場合に，動画コンテンツを視聴させることで対面での授業の代替とし，教育の歩みを止めずにいられる。対面授業がかなわない場合にも提供可能な教育方法として，動画コンテンツの提供がある。

　また，動画コンテンツは，児童生徒の予習復習のための教材としても有効である。対面授業はその場にいなければ受けられないものであり，

その場にいたものにとってもその内容は自分の記憶や書いたノートでしか再現できない。動画コンテンツであれば，一度の視聴ではわからなかった点や時間がたって記憶が薄れた点などについて，動画を見直すことで再度確認できる。学習の反復によって，より高い教育効果を目指すためにも，動画コンテンツが有用である。

b．後日参照するための記録として

　授業や発表，あるいは会議等を行ったとき，何らかの理由でその場にいられなかった（欠席した）者が，後からそのときの内容を参照したい場合がある。そのような場合に，その内容を動画として記録しておくことで，そのときの内容を参照し，後から確認できる。このような記録としても，動画コンテンツは有効に使いうる。

　ただ，授業実施者（発表者）にとって，自分が参照するための記録として動画を作成することには，積極的な意義を見出せない。動画は，視聴に時間がかかり，必要な部分だけを視聴することも困難である。自分への記録ならば，プリントやスライド，テキストなど，必要な部分のみにたやすくアクセスできるメディアのほうが優れている。そのため，記録として動画を作成する際には，「他者に向けての記録」とすることを意識しておくべきである。

（2）動画を公開する意義

　作成した動画コンテンツは，単に保存しておくだけでも，時間を問わず視聴できるという点で教育に有用である。しかし，それらを何らかの方法で公開・共有すれば，インターネットが十分に普及した現在にあっては，時間のみならず場所も問わない視聴が可能となり，児童生徒の都合に合わせたコンテンツ視聴ができるようになる。教育が時間と場所か

ら自由になることが，動画コンテンツを公開する意義である。

2. 簡易な動画作成

（1）PowerPoint プレゼンテーションを動画へ変換する

　簡易な動画作成の方法として，Microsoft PowerPoint（以下，Power-Point）で作成したプレゼンテーションにナレーションを吹き込んだスライドショーの記録を作成し，それを動画に書き出す，という方法がある（PC にマイクが接続されている必要がある）。この方法では，スライドの切り替えはスライドショーの記録をしたときに自分がスライドを切り替えたタイミングで行われ，スライドショーにアニメーションが設定されていればアニメーションも記録される。PC にカメラも接続されているならば，カメラからの映像も一緒に記録できる。また，スライドショー中に PowerPoint のレーザーポインタやマーカーペン機能を使用したならば，その動きも記録される。必要なら USB 接続のカメラ等は安価に手に入るので，簡易な動画作成の方法としては有効である。

　具体的な方法は以下である。PowerPoint の「スライドショー」タブにある「スライドショーの記録」をクリックし，「現在のスライドから記録」または「先頭から記録」のどちらかを選択すれば，PowerPointが記録モードに変更される（図10-1）。左上の「記録」「停止」「再生」ボタンで記録を始めたり止めたりでき，また記録の一時停止もできる。スライドショーの記録はスライドごとに行われるので，操作を失敗したり，うまく言葉が出てこなかったとしても，スライドごとにやり直しができる。

　マイクやカメラを有効にするか否かの設定は，画面右下のアイコンにより行う。カメラを有効にした場合，スライドの右下に，カメラからの

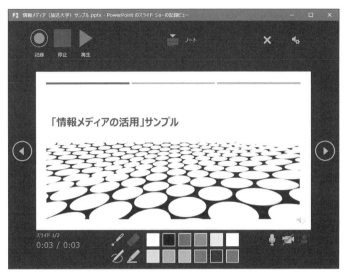

図10-1　スライドショーの記録

映像が入力される（図10-2）。このカメラ映像の位置や大きさは変更できない。

　すべてのスライドの記録が完成した後，PowerPoint のファイル（.pptx）を動画（mp4 など）に変換することで，さまざまな PC やスマホ，タブレット端末等で閲覧可能な形式にできる。もちろん，Power-Point のファイルのまま保存しておいてもよい。

図10-2　カメラからの映像入力

　PowerPoint のファイルを動画に変換する具体的な手順は以下である。メニューから「ファイル」→「エクスポート」→「ビデオの作成」を選択し，「記録されたタイミングとナレーションを使用する」が選択

図10-3　動画として保存

されていることを確認したうえで,「ビデオの作成」ボタンを押す（図
10-3）。これでスライドショーの記録が動画として保存される。

（2）オンライン会議システムの録画機能

　オンライン会議システム（Zoom, Microsoft Teams, Google Meet な
ど）を用いてリアルタイムでオンライン授業を配信しているならば, 配
信をそのまま録画するオンライン会議システムの機能が使える。この場
合, 画面共有や発表者の切り替えなど, オンライン会議システムで行っ
た画面遷移がすべてそのまま記録される。音声も, 講師の発言（マイク
音声）だけでなく, 参加者のマイク音声まで, オンライン会議上のすべ
てが記録される。

　オンライン会議の録画の手順は簡単である。Zoom を例として, 具体
的な手順を示す。Zoom でミーティングを開始したうえで, 画面下部の
「レコーディング」ボタン（図10-4）を押すか,「Alt + R」キーを押
す。すると録画が開始される。録画を止めたい場合には, 同じ位置にあ
る「停止」ボタンを押すか, 再度「Alt + R」キーを押せばよい。これだ
けの手順で, Zoom のオンライン会議がストレージに保存される。

図10-4　Zoom「レコーディング」ボタン

　オンライン会議の録画は，動画コンテンツの作成方法として簡便なものではある。しかし，動画全体を最初から最後まで一度で撮り切る必要があるため，失敗した部分の撮り直しができないなど制限も多いので，質の高い動画コンテンツ作成は難しい。この方法で作成する動画は，授業や発表等の記録を残しておくためのものと考えるべきである。

（3）OS 標準の画面録画機能

　何らかの理由で上記のような録画機能を使えない場合でも，Windows 10 や iOS 端末を使っている場合には，それぞれの OS の標準機能でプレゼンテーションやオンライン会議を録画できる。この方法は，単にプレゼンテーションやオンライン会議を録画するのみならず，動画コンテンツの素材として動画を取得する方法としても有効である。以下で，Windows10 と iOS について，それぞれの方法を示す。

　なお，Android™ 端末でも，2020年 9 月に発表された Android11 であれば，OS の標準機能で画面録画が可能とされている。しかしながら本書執筆時点で，最新の AndroidOS を搭載した端末はまだ少ないため，ここでは割愛する。Android™ 端末の画面を録画する必要があれば An-droid11 の搭載された端末を用意するか，「AZ スクリーンレコーダー」など，画面録画のための Android™ アプリを活用されたい。

図10-5　Windows10 ゲームバー

a．Windows10 の「ゲームバー」

　Windows10 で画面動画を録画する場合には，まず録画したいウィンドウをアクティブにしておく。そのうえで「Win＋G」を押すと，ゲームバーが起動する（図10-5）。ゲームバーの「キャプチャ」ウィジェットから「録画を開始」ボタンを押すか，「Win＋Alt＋R」キーを押すことで録画を開始できる。録画を止めるには，「キャプチャ」ウィジェットの「録画を停止」ボタンを押すか，再度「Win＋Alt＋R」キーを押せばよい。

　この機能は，画面全体ではなく，ひとつのウィンドウを対象にして録画するものである。そのため，複数のアプリケーションを立ち上げておき，それらを切り替えながら作業する様子などは録画できない。また，この機能では，デフォルトではマイク音声は記録されない。マイク音声も同時に記録したい場合には，「キャプチャ」ウィジェット右端のボタンで「録画中はマイクをオン」にしておく必要がある。

b．iOS 端末の「画面収録」

　次に，iOS 端末での画面録画の方法を示す。事前準備として，「設定」アプリ→「コントロールセンター」→「コントロールをカスタマイズ」

図10-6　コントロールセンターのカスタマイズ

図10-7　コントロールセンター　　図10-8　マイクオン

から，「画面収録」を有効にしておく（図10-6）。そのうえで，コント
ロールセンターを呼び出し（図10-7），「画面収録」ボタンをタップす
れば，画面全体の録画が始まる。録画を止めたい場合は，再度コントロ
ールセンターを呼び出し，「録画の停止」ボタンをタップすればよい。
　iOS端末で画面収録を行う場合，デフォルトでは音声は記録されな
い。音声も同時に記録したい場合，コントロールセンターの「画面収
録」ボタンを長押しし，マイクを「オン」にしておく必要がある（図
10-8）。

3. 動画コンテンツの作成・編集のためのソフトウェア

　これまで述べてきた方法では，PCのウィンドウそのものや，iOSの画面全体を録画することはできても，複数のウィンドウを組み合わせて動画にしたり，カメラ映像を入れる位置や大きさを制御したりすることはできない。より柔軟に動画の作成を行いたい場合には，動画作成のためのソフトウェアを用いる必要がある。ここでは，動画作成のためのソフトウェアとして，「OBS Studio」を紹介する。このソフトウェアはオープンソースであり，無料で使える。また，PCへのインストールを必要とせず，システムに変更を加える必要がない。またさらに高度な編集を行うソフトウェアとして，「AviUtl」を概略のみ紹介する。これらのソフトウェアを用いることで，より高度な動画コンテンツを作成できる。

（1）OBS Studio の使い方
a．OBS Studio とは

　OBS Studio はオープンソースで開発されているビデオ録画・ライブ配信ソフトウェアで，Windows，Macintosh，Linux に対応する。なお「OBS」は「Open Broadcaster Software」の略である。OBS Studio の主たる用途は動画のライブ配信（生放送配信）であるが，動画を録画する用途にも便利に使いうる。通常は PC にインストールして使用するが，ポータブルモードが存在し，プログラムを USB フラッシュメモリなどに格納したり，ユーザーフォルダに保存しておくことで，PC 環境に変更を加えずに使用できる。そのため，セキュリティに配慮して制限をかけている PC でも使用可能である。以下で，OBS Studio の基本的な使い方について述べる。

b ．基本的な動画作成

　OBS Studio を用いた基本的な動画作成の方法について述べる。起動した OBS Studio のウィンドウが図10-9である。OBS Studio では，まず「シーン」を設定し，その「シーン」に対して「ソース」を配置するかたちで出力される映像（および音声）を設定する。「ソース」はカメラや画面，ウィンドウなど，PC で取得可能な映像である。ひとつの画面内に，一群の映像ソースをどのように配置・重ね合わせするかを規定するのが「シーン」である。「シーン」を指定したうえで録画を開始すれば，その「シーン」の設定に従って構成されたソース群を動画として保存できる。「ソース」それぞれの動きはリアルタイムで記録され，全体としてひとつの動画となる。

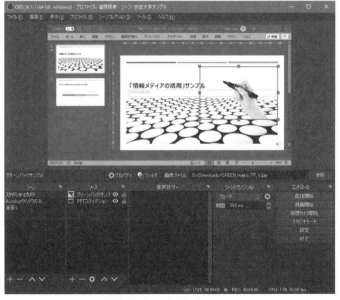

図10-9　OBS Studio

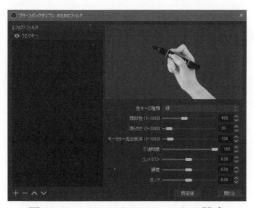

図10-11　クロマキー背景の例（エレコムクロマキー背景スクリーン）

図10-10　エフェクトフィルタの設定

ｃ．エフェクトフィルタ

OBS Studio では，それぞれの映像ソースに，エフェクトフィルタを設定できる。エフェクトフィルタによってさまざまなことが可能になるが，非常に有用なフィルタとして「クロマキー」フィルタがある。このフィルタは，映像ソースの特定の色（典型的には緑色）を仮想的に透明化し，後ろにある映像ソースを透過できる（図10-10）。新型コロナウイルス感染症のためテレワークが推奨されたこともあり，現在ではこのようなクロマキー合成のための簡易背景が安価に販売している（図10-11）ので，必要に応じて活用すべきである。その他にも数多くのエフェクトフィルタが用意されているので，必要に応じて活用されたい。

（２）AviUtl の概略紹介

OBS Studio だけでもかなり高度な動画が作れるが，作成した動画をさらに編集したい場合や，ビデオカメラ等で撮影した動画を編集したい場合などでは，フリーソフト「AviUtl」（図10-12）が便利である。

図10-12　AviUtl 実行画面

　AviUtl は，ハンドルネーム「KEN くん」が開発した Windows アプリ
ケーションである。動画の結合や不要なシーンのカット，合成，トリミ
ングなど，動画編集のための基本的な機能を備えている。プラグインを
導入することにより，必要に応じてさまざまな機能を追加できる。フリ
ーソフトであり無料で使用でき，またインストールにあたって PC 環境
を変更しないので，セキュリティに配慮して制限をかけている PC でも
使用可能である。

　AviUtl の使い方については非常に詳しいウェブサイトが存在するの
で，使用の際にはそちらを参照されたい。

4. 動画の素材の取得

　動画の素材として使えるものに，画像，音声，動画などが挙げられる。それらは一般的なデジタルカメラ（デジタルビデオカメラを含む）で撮影できる。また，PC 上で静止画や動画を取得する方法も多くあり，それらは動画作成の際の素材にできる。

（1）素材としての静止画の取得
　静止画（写真）の取得に関して最も一般的な方法は，デジタルカメラ（スマートフォンのカメラ機能を含む）での撮影である。しかし，デジカメでの写真撮影については常識的に活用できるものとして割愛し，ここではそれ以外の方法での静止画の取得について述べる。

a．PC 画面のスクリーンショット
　動画コンテンツを作成する際に，PC の画面に表示されている内容を画像として活用したい場合がある。それは，ウェブ上で発見した図表であったり，PDF ファイルに記載のあった挿絵であったりするかもしれない。このような PC 画面上のコンテンツは，Windows 標準の「スクリーンショット」機能で記録可能である。
　PC 画面のスクリーンショットを保存するのは非常に簡単で，キーボードから「PrintScreen」キーを押すだけである（PrintScreen キーは，多くのノート PC では独立したキーとして存在せず，Fn キーとの同時押しで実行される）。PrintScreen キーを押せば，その時点での画面のスクリーンショットが画像としてクリップボードに保存される。また，「Alt＋PrintScreen」キーを押せば，アクティブウィンドウのスクリーンショットが保存される。

Windows10 では，クイックアクションに「画面領域切り取り」があり（図10-13），領域を指定してのスクリーンショットの取得などが容易に可能である。いずれの方法でも保存された画像はクリップボードに送られ，そのまま何らかのソフトウェア（画像として編集したければ「ペイント3D」など）に貼りつけることで，編集や保存ができるようになる。

図10-13　クイックアクション―画面領域切り

上記のように Windows の標準機能で，画面全体やアクティブウィンドウのスクリーンショットを保存できる。それ以外に，Microsoft Edge（以下 Edge）の機能で，縦に長いウェブページの全体をスクリーンショットとして保存できることも紹介しておきたい。一画面におさまらないウ

図10-14　Edge の「Web キャプチャ」

ェブページを，画像として保存したい場合に便利である。

具体的な操作方法は，Edge で目的のウェブページを表示させたうえで，「Ctrl＋Shift＋S」キーを押せばよい。または，Edge のウィンドウ

図10-15 「Web キャプチャ」クリック後の画面

右上にある，横3点アイコン（…）→「Web キャプチャ（W）」をクリックする（図10-14）。いずれの操作でも，「無料選択」（「自由な選択」の誤訳と思われる）もしくは「ページ全体」の選択を促すダイアログが表示されるので（図10-15），「ページ全体」を選択すれば，画面に表示されていない部分も含めてウェブページが画像として保存される。

b．タブレット端末画面のスクリーンショット

前節でPC画面をスクリーンショットとして保存する方法を解説した。PCと同様に，Android™ 端末も iOS 端末も，画面のスクリーンショットを保存するのは容易である。Android™ 端末や iOS 端末の場合，スクリーンショットは写真として保存され，そのまま編集などが可能となる。スクリーンショット取得の具体的な手順は以下である。

Android™ 端末の場合，「電源ボタンと音量小ボタンを同時に長押し」することで，スクリーンショットを保存できる。機種によっては，クイック設定ツール（画面上部から2度スワイプすることで呼び出せるメニュー）から，スクリーンショットを保存できる（図10-16）。その他，Android™ のバージョンや端末の設定によっ

図10-16 Android™ クイック設定ツール

てさまざまな方法があるので，必要があれば手持ちの端末について，どのような方法が使えるのか調べてみるとよい。

　iOS 端末の場合，ホームボタンのある機種であれば，「電源ボタンとホームボタンの同時押し」で画面のスクリーンショットが保存できる。また，「AssistiveTouch」の「最上位メニューをカスタマイズ」で「スクリーンショット」を最上位メニューに入れておけば（図10-17），AssistiveTouch のアイコンからスクリーンショットを保存できる。どちらも簡便な方法である。

図10-17　AssistiveTouch カスタマイズ

c．その他の静止画作成の方法

　本書では詳述しないが，静止画の作成に関しては，ここまでで紹介した方法以外にも，たとえば紙に絵を描いてカメラやスキャナで取り込んだり，PC やタブレット端末上で画像編集のソフトウェアを用いて画像を作成し編集するなどの方法がある。イラストなどを自作したい場合に有効な方法である。

（2）素材としての動画の取得

　静止画の取得と同様に，素材としての動画の取得も，最も一般的な方法はカメラを用いることである。スマートフォンやタブレット端末の動画撮影機能は言うに及ばず，デジタルカメラやデジタルビデオカメラを用いて，動画（ビデオ）を撮影できる。近年では，写真の撮影を主眼としたカメラであっても動画撮影が可能であり，また動画の撮影を主眼としたカメラ（ビデオカメラ）でも写真を撮影できる。その意味で写真撮影の機器と動画撮影の機器の境界は明確ではなく，どちらも汎用に使いうる。

　PCやタブレット端末の画面を動画として保存する方法については，本章2-（3）にて詳述したので参照されたい。

（3）ウェブサイトからの素材（著作権フリー素材）の取得

　ここまで，動画の素材について，自分で取得（作成）する方法について説明してきた。しかしながらインターネット上には，学校教育において活用可能な素材を，場合によっては無料で，公開しているウェブサイトが多くある。それらのサイトから，イラスト，背景画像等のテクスチャ，BGMなどに使える音楽などを取得することで，それらを動画の素材として活用できる。以下に，無料で商用利用まで可能な素材配布サイトの一例を挙げておく。必要に応じて活用されたい。

　イラスト：いらすとや　https://www.irasutoya.com/
　　　　　　イラストAC（要会員登録）　https://www.ac-illust.com/
　写真：写真AC（要会員登録）　https://www.photo-ac.com/
　BGM・効果音：DOVA-SYNDROME　https://dova-s.jp/

5. 動画の公開のしかた

　PC上においては，動画コンテンツはファイルとして扱われる。そのため，動画を視聴したい者（児童生徒や教員）が，学校内で特定のPCにアクセスできるならば，作成した動画のファイルをそのPCに保存しておけば，動画の視聴は容易である（音声が流れることへの配慮は必要であるとしても）。

　しかしながらこの方法は，動画の視聴場所が1か所に限られるという欠点を持つ。複数の場所での視聴を可能にするためには動画を保存したPCを複数用意する必要が生まれるが，PCを複数用意すると新しく動画を作成した際にそれを複数のPCに保存せねばならず，管理が煩雑になる。また，動画を視聴できるのが学校内に限られることになり，学校に来られない児童生徒は動画視聴が不可能である。

　この問題を解決するためには，動画を何らかのかたちで共有し，1か所に保存した動画を複数の端末（PCやタブレット端末）で視聴可能にすればよい。ひとつの方法として，ローカルネットワークを構成することで，教室内や学校内で動画（に限らずファイル全般）を共有する方法がある（第3章参照）。また，インターネット上（クラウド）に共有あるいは公開することで，学校内にとどまらずインターネットに接続している端末で視聴可能にできる。ファイルを共有したり，動画をインターネット上に公開したりすることで，作成した動画コンテンツを容易に視聴できるようになる。以下で，その方法について，例を示しながら解説する。

（1）ファイルの共有による動画公開
　ローカルネットワーク内でのファイルの共有については，第3章にて

詳述しているので参照されたい。ここでは，クラウドサービスを用い
て，インターネットを経由して動画を視聴可能にする方法について解説
する。

　インターネット上でファイルを共有できるクラウドサービスとして，
OneDrive や Dropbox などがある。これらは，同じファイルに対して，
自分の持つ複数のデバイスからアクセスできるようにすることを主たる
目的とするサービスではあるが，自分の持つファイルを他者と共有する
ことで，他者に自分のファイルを閲覧させることができる。すなわち，
これらクラウドサービスに保存しているファイルが動画であるならば，
他者がその動画を視聴できるようになる。視聴する側はブラウザ経由で
アクセスできるので，専用のソフトウェアのインストール等を必要とし
ない（もちろん，それぞれのソフトウェアをインストールするならば，
より便利な使い方ができる）。ここでは，OneDrive を例として，他者と
ファイルを共有する方法について略述する。

　OneDrive で自分の持っている動画を他者に視聴可能にするために
は，その動画またはその動画の保存されているフォルダを「共有」する
ことで，明示的に他者からのアクセスを
許可する必要がある。Windows のエク
スプローラで，OneDrive に保存されて
いるファイルまたはフォルダを右クリッ
クすると，右クリックメニューの中に
「共有」が見つかる（図10-18）。このと
き，「共有」メニューの前には，OneDrive
の雲型のアイコンが示されている。この
「共有」メニューをクリックするとウィ
ンドウが開き（図10-19），誰に共有する

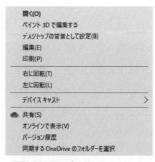

図10-18　右クリックメ
　　　　　ニュー

か，編集を許可するかなどの設定ができるようになる。ここで設定を適切に行ったうえで「リンクのコピー」ボタンを押すと，指定したファイル／フォルダにアクセスするための URL が作成され，クリップボードにコピーされる（図10-20）。共有する者は，動画を見せたい者に対して，メールや SNS などを通じてこの URL を伝えればよい。

　URL を伝えられた者は，ブラウザを用いてこの URL にアクセスすれば，指定されたファイル／フォルダを閲覧でき，動画を視聴できる。必要があれば動画全体をダウンロードしてから視聴することで，回線速度の制限のない動画視聴ができる。

図10-19　ファイル／フォルダの共有

（2）動画公開専門のサイト

　動画を公開するための方法として，動画公開を専門に扱うウェブサイトを

図10-20　ファイルへのリンクコピー画面

使うのもよい方法である。この種のサイトとして最も有名なものは You-Tube であるが，それ以外にも Vimeo や Dailymotion など多くのサイトがある。多くの場合，動画の視聴にはアカウントを必要とせず適切な URL を知っているだけで視聴できるが，動画をアップロードし公開するにはアカウントの登録が必要となる。ここでは，YouTube を例とし

て，動画のアップロード・公開のしかたを略述する。

　YouTube で動画を公開するには，Google アカウントを取得する必要
がある。Google アカウントにログインした状態で YouTube にアクセス
すると，ブラウザの右上にアイコンが現れるので，そこから「動画をア
ップロード」を選択する（図10-21）。現れた「動画のアップロード」ウ
ィンドウに公開したい動画をドラッグ＆ドロップし，若干の設定を行え
ば，動画は YouTube 上で視聴可能となる。

　YouTube には「再生リスト」機
能があり，自分のアップロードした
動画や，YouTube で視聴可能な動
画をまとめておける（図10-22）。再
生リストに登録した動画は，「すべ
て再生」することで登録した順序に
従って再生される。再生リストは

図10-21　YouTube「動画をア
ップロード」

図10-22　YouTube 再生リスト

URLとして他者にも公開できるので，たとえば授業1回分が複数の動画に分かれている場合に，その全体を視聴させるのに便利である。

　注意点として，YouTubeの動画の公開設定は「公開」「限定公開」「非公開」しかなく，何らかの資格を持つ者のみに公開することはできない。「限定公開」はURLを知っている者のみに動画の視聴を許可し，検索等では動画に行きつけないようにする設定だが，これもURLを知っている者が資格のない他者にURLを教えて（流出して）しまえば，その動画の視聴を制限するすべはなく，どうしても見せたくない場合には動画を削除するしかなくなる。一部の者にのみ見せたいとしても，一般の者に見られては困る動画については，YouTubeで公開してはならない。

学習課題

1．自分が動画を作ることを想定し，作成する動画のための素材として，PCもしくはスマホ画面を録画（スクリーンショットではなく，動画として録画）してみよう。
2．YouTubeにアカウントを作成し，動画をアップロードしてみよう。
　※アップロードする動画は，人権やプライバシーを侵害する恐れのないものであるよう注意してください。

＊図10-1～3，5，13～15，18～20はマイクロソフトの許諾を得て使用しています。

11 教育の情報化と情報リテラシー教育

田嶋知宏

《目標&ポイント》 学校教育の情報化に伴う，情報活用能力の重視を踏まえ
つつ，情報リテラシー教育の内容や学校図書館活用能力としての情報リテラ
シーの内容を解説する。そのうえで，情報リテラシーと情報活用能力との結
びつきに言及する。
《キーワード》 教育の情報化，情報リテラシー教育，問題解決，探求学習，
メディア活用能力の育成

---

1. 教育の情報化と情報活用能力

（1）学校教育の情報化

　現在は，情報通信ネットワークを通じて多様な情報または知識を選択
し，共有し発信することにより，自らの生活や社会活動，精神活動を豊
かにすることができる「知識基盤社会」とされている。また，多種多様
な情報にふりまわされることなく，児童生徒一人ひとりが主体的に自ら
学ぶ力をもち，生涯学び続けることが求められる社会となっている。

　その背景には，1990年代以降，国が教育の情報化に関する政策を次々
と打ち出したことがある[1]。1998年12月，内閣総理大臣直轄の省庁連携
タスクフォースとして，教育の情報化プロジェクト報告，2000年度から
開始されたミレニアム・プロジェクト『教育の情報化』の施策や
e-Japan戦略によって全国の学校の全教室にコンピュータを整備し，イ
ンターネット環境づくりが行われていった。

　その成果として，今日の学校を取り巻く社会は，生活のあらゆる場面において ICT（Information and Communication Technology）を活用する機会が多くなったものの，地域間格差，学校間格差が指摘されるようになった。

　そうした状況も受けつつ，全国的に制度面で推進する契機となったのは学校における学びの基準である「学習指導要領」の改訂であった。「平成29・30年改訂　学習指導要領」では，「児童（中学校，高等学校の場合は生徒）の発達の段階を考慮し，言語能力，情報活用能力（情報モラルを含む。），問題発見・解決能力等の学習の基盤となる資質・能力を育成していくこと」[2] と，情報活用能力を学習の基盤のひとつに位置付けた。これにより，情報活用能力は，すべての教科等に関連する児童生徒が身につけておくべき資質・能力としてあらためて明確化された。

　さらに，環境面から推進する契機となったのは2019年6月の ICT 環境整備を打ち出した「新時代の学びを支える先端技術活用推進方策（最終まとめ）」[3] や学校教育の情報化の推進に関する法律（令和元年法律第47号）であった。同法1条の目的では，「全ての児童生徒がその状況に応じて効果的に教育を受けることができる環境の整備を図るため，学校教育の情報化の推進に関し，基本理念，国等の責務，推進計画等を定めることにより，施策を総合的かつ計画的に推進し，もって次代の社会を担う児童生徒の育成に貢献」することが明示された。続く，2019年12月に文部科学省により「GIGA スクール構想」[4] が打ち出された。GIGA スクール構想では，2023年度までに児童生徒1人1台端末と高速の通信環境の整備を実現することで，学び方を変えていくことを目指すとした。それが，2020年に全世界で広まった新型コロナウイルス感染症により，日本でも学校が臨時休校となったことで，結果的に加速される契機となった。休校中の学校の中には一部で ICT を活用した遠隔教育を行う学

校が注目を集め，ICT の活用によりすべての子どもたちの学びを保障できる環境整備への関心が高まった。それを踏まえて，2020年度末を目途に「1人1台端末」の早期実現の前倒しが図られることになった[5]。

　学校教育の情報化が制度面・環境面で実現することで，児童生徒は，大型モニターなどで，教師による一斉授業の後に，1人1台の端末を手にデジタル教科書や様々な教材にアクセスして，個別的に前提となる知識を学び，学んだことをまとめ，発表などで相互に共有する学習が可能となる。そうなれば，長い間当たり前とされてきた教室で黒板を使った一斉授業というような学びのイメージが大きく変容していくことになる。

（2）情報活用能力の登場と展開

　学校教育の情報化の目的のひとつに，児童生徒の情報活用能力を育成することがある。この情報活用能力というキーワードは，いつ頃から日本の教育行政で使われ始めたのであろうか。1981年4月に提出された臨時教育審議会『教育改革に関する第2次答申』でパーソナルメディアという特徴をもつ新しい情報手段としてのコンピュータを前提に情報活用能力について「情報リテラシー——情報および情報手段を主体的に選択し活用していくための個人の基礎的な資質」とし，「読み・書き・算盤」に並ぶ基礎・基本と位置付けるとする言及が始まりとされる[6]。続く，『教育改革に関する第3次答申』[7]では情報モラルも盛り込まれた。

　その後，情報リテラシーというキーワードは消え，代わりに情報活用能力というキーワードを用い，1985年〜87年の教育課程審議会や1985年〜90年の情報化社会に対応する初等中等教育の在り方に関する調査研究協力者会議などでも検討が重ねられ，1997年の情報化の進展に対応した初等中等教育における情報教育の推進等に関する調査研究協力者会議

において，初等中等教育段階で育む情報活用能力として相互に結び付きをもつ「情報活用の実践力」，「情報の科学的な理解」，「情報社会に参画する態度」の３観点（図11-1）が打ち出されるに至った[8]。

【情報活用の実践力】
　課題や目的に応じて情報手段を適切に活用することを含めて，必要な情報を主体的に収集・判断・表現・処理・創造し，受け手の状況などを踏まえて発信・伝達できる能力
【情報の科学的な理解】
　情報活用の基礎となる情報手段の特性の理解と，情報を適切に扱ったり，自らの情報活用を評価・改善するための基礎的な理論や方法の理解
【情報社会に参画する態度】
　社会生活の中で情報や情報技術が果たしている役割や及ぼしている影響を理解し，情報モラルの必要性や情報に対する責任について考え，望ましい情報社会の創造に参画しようとする態度

図11-1　情報活用能力の３観点

さらに，2006年の初等中等教育における教育の情報化に関する検討会において，情報活用能力を理念で終わらせることにならないように３観点が８要素（図11-2）として整理され，具体的な指導項目を追記した[9]。

【情報活用の実践力】
　・課題や目的に応じた情報手段の適切な活用
　・必要な情報の主体的な収集・判断・表現・処理・創造
　・受け手の状況などを踏まえた発信・伝達

【情報の科学的な理解】
　・情報活用の基礎となる情報手段の特性の理解
　・情報を適切に扱ったり，自らの情報活用を評価・改善するための基礎的な理論や方法の理解
【情報社会に参画する態度】
　・社会生活の中で情報や情報技術が果たしている役割や及ぼしている影響の理解
　・情報のモラルの必要性や情報に対する責任
　・望ましい情報社会の創造に参画しようとする態度

図11-2　情報活用能力の3観点8要素

　このような情報活用能力については，1990年7月『情報教育に関する手引』[10]，2002年6月『情報教育の実践と学校の情報化：新「情報教育に関する手引」』[11]，2009年及び2010年『教育の情報化に関する手引』[12]などを通して教育現場へ浸透していくことになった。

（3）情報活用能力の再定義と『教育の情報化に関する手引』

　2016年12月の中央教育審議会答申「幼稚園，小学校，中学校，高等学校及び特別支援学校の学習指導要領等の改善及び必要な方策等について」[13]において，「世の中の様々な事象を情報とその結び付きとして捉えて把握し，情報及び情報技術を適切かつ効果的に活用して，問題を発見・解決したり自分の考えを形成したりしていくために必要な資質・能力のこと」と情報活用能力を再定義し，その能力を「知識・技能」，「思考力・判断力・表現力等」,「学びに向かう力・人間性等」の3つの柱に沿って再整理された（図11-3）。

　この答申を踏まえた，学習指導要領（平成29年〜31年）が告示された。2019年12月，文部科学省はこれら学習指導要領の改訂に合わせた

【知識・技能】（何を理解しているか，何ができるか）

　情報と情報技術を活用した問題の発見・解決等の方法や，情報化の進展が社会の中で果たす役割や影響，情報に関する法・制度やマナー，個人が果たす役割や責任等について，情報の科学的な理解に裏打ちされた形で理解し，情報と情報技術を適切に活用するために必要な技能を身に付けていること。

【思考力・判断力・表現力等】（理解していること，できることをどう使うか）

　様々な事象を情報とその結びつきの視点から捉え，複数の情報を結びつけて新たな意味を見出す力や，問題の発見・解決等に向けて情報技術を適切かつ効果的に活用する力を身に付けていること。

【学びに向かう力・人間性等】（どのように社会・世界と関わりよりよい人生を送るか）

　情報や情報技術を適切かつ効果的に活用して情報社会に主体的に参画し，その発展に寄与しようとする態度等を身に付けていること。

図11-3　情報活用能力を構成する資質・能力

『教育の情報化に関する手引』[14]（以下，『手引』）を新たに作成し，2020年6月に「GIGAスクール構想」や著作権法改正を踏まえた追補版が刊行された。

　この『手引』の第2章「情報活用能力の育成」では，これまでの情報活用能力を踏まえつつ，文部科学省委託事業「次世代の教育情報化推進事業『情報教育の推進等に関する調査研究』」（以下，IE-School）を手がかりに，情報活用能力に関する指導項目の分類を示すとともに，想定される学習内に即した例示がされている。『手引』第4章「教科等の指導におけるICTの活用」では，ICTを効果的に活用した学習場面につ

いて，10の場面に分けて紹介している。例えば，個別学習の調査活動の場面では，「図書館やインターネットを活用して資料を集める」ことや「図書で調べたことやマスメディアからの情報に加え，インターネット等を介して必要な情報を集めていく」といったような具体例が紹介されている。

　以上のように，情報活用能力について，前述の断片的な場面での言及は見られるものの，『手引』のみならず，1990年以降の情報活用能力の育成を目指してきたマニュアル類でも，学校図書館を上手に活用していく能力と明確に結びつけて扱われてこなかった。

　他方，2016年11月に文部科学省が定めた学校図書館ガイドラインには「学校図書館の利活用を基にした情報活用能力を学校全体として計画的かつ体系的に指導するよう努めることが望ましい」[15]と学校図書館を使うことを前提とした「情報活用能力」がはっきりと示されている。

　このことについて，学校図書館の専門的職務に従事することになる司書教諭はどのように理解し，関わっていけばよいのだろうか。それを確認するために，次節では学校図書館を活用していく能力としてよく挙げられる「さまざまな種類の情報源の中から必要な情報にアクセスし，アクセスした情報を正しく評価し，活用する能力」[16]を示す「情報リテラシー（Information literacy）」を手がかりとする。

2. 情報リテラシー

（1）学校図書館活用能力としての情報リテラシー

　日本において学校図書館の活用能力の育成については，1950年代から意識されてきた[17]。アメリカ合衆国の学校図書館では，1960年代から視聴覚教育メディアを採り入れた学校図書館メディアセンターへの展開が

図られ，1980年代以降，コンピュータの導入に合わせて，育成すべき図書館活用能力（Library Skills）を情報リテラシーとして捉えなおす動きがあった。この時期の情報リテラシーは，学習プロセスや情報探索プロセスを反映した内容であった。こうした動きは，日本の学校図書館関係者にも伝えられ，情報リテラシーが図書館活用能力という意味合いでも用いられるようになった[18]。日本の学校図書館における情報リテラシー育成の念頭にあったのは，多様な情報メディアを揃えた学校図書館を使いこなす児童生徒の姿であった。

　しかし，日本の学校図書館の現状を見れば，多くが，紙媒体の図書のような情報資源を管理し，利活用する場のイメージを強く反映したままである。現行の学習指導要領を参照すれば，複数の教科で学校図書館を利用し，図書，新聞，事典や図鑑などから情報を得るとする情報手段に関する言及がある。これも学校図書館と紙媒体の情報資源の結びつきを強く印象づけている。

　だが，児童生徒が学んでいく際に活用可能な情報メディアは，学校内外に存在している。学校図書館は，学校内外に存在する多様な情報メディアへの（リアルな世界・ヴァーチャルな世界問わず）アクセスの拠点として機能することが期待される。それを踏まえずして，学校図書館という空間のみに固執し，そこに置かれた情報メディアのみにただ注目していたのでは，社会で通用する情報リテラシーの育成は難しいだろう。

（2）今，求められる情報リテラシーとは

　求められる情報リテラシーの手がかりとして，学習指導要領の総則を改めて参照する。そこには全校種とも各教科の指導に当たって配慮すべき事項のひとつとして「学校図書館を計画的に利用しその機能の活用を図り，児童［生徒］の主体的・対話的で深い学びの実現に向けた授業改

善に生かすとともに，児童［生徒］の自主的，自発的な学習活動や読書活動を充実すること」が挙げられている。学校図書館には，学習センター，情報センター，読書センターの機能があり，特に情報センター機能には，「児童生徒や教職員の情報ニーズに対応したり，児童生徒の情報の収集・選択・活用能力を育成したりする」ことが期待されている。

　さらに，総則では「情報活用能力の育成を図るため，各学校において，コンピュータや情報通信ネットワークなどの情報手段を活用するために必要な環境を整え，これらを適切に活用した学習活動の充実を図ること。また，各種の統計資料や新聞，視聴覚教材や教育機器などの教材・教具の適切な活用を図ること」も挙げられている。ネットワーク情報資源とともに，統計資料や新聞，視聴覚資料は学校図書館で扱う情報メディアとしても捉えられてきた。情報活用能力と学校図書館情報メディアが結びつけて記述されているように，児童生徒の学習上，情報活用能力と学校図書館でイメージされてきた情報リテラシーを結びつけて捉えるべきである。

（3）IE-School にみる情報活用能力

　IE-School では情報活用能力を学力の3要素「知識及び技能」，「思考力，判断力，表現力等」，「学びに向かう力，人間性等」に分けて整理している。そこから学校図書館の情報リテラシーに関連する項目を挙げれば「情報収集，整理，分析，表現，発信の理解」が「知識及び技能」に位置付けられ，「必要な情報を収集，整理，分析，表現する力」が，「思考力，判断力，表現力等」に位置付けられている。

　それらの項目は，「情報モラル・情報セキュリティの理解」や「責任をもって適切に情報を扱おうとする態度」といった内容とともに，段階別の情報活用能力の体系表としても例示されている。例えば，「思考

力，判断力，表現力等」のステップ３には，「目的に応じた情報メディアを選択し，調査や実験等を組み合わせながら情報収集し，目的に応じた表やグラフ，『考えるための技法』を適切に選択・活用し，情報を整理する」指導項目が設定されており，次節で扱う学校図書館を念頭においた「情報資源を活用する学びの指導体系表」と重なり合う内容となっている。

（４）情報資源を活用する学びの指導体系表

　2019年１月，全国学校図書館協議会は「情報・メディアを活用する学び方の指導体系表」（2004年）を発展させるかたちで「情報資源を活用する学びの指導体系表」[19]（以下，体系表）を公表した。体系表は，学校図書館における情報メディアの活用プロセスを意識した指導項目である「Ⅰ　課題の設定」，「Ⅱ　メディアの利用」，「Ⅲ　情報の活用」，「Ⅳ　まとめと情報発信」を校種別（小学校は低・中・高学年別）に一覧表にまとめたものである。具体的には「Ⅰ　課題の設定」では，課題の設定・学習計画を立てること，「Ⅱ　メディアの利用」では，学校図書館の利用法・公共図書館や博物館などの各種施設の利用・メディアの特性を踏まえた利用，「Ⅲ　情報の活用」では情報の収集・記録・分析・評価・情報モラルのような情報利用上の留意点，「Ⅳ　まとめと情報発信」では，学習成果をまとめ・発表・学習の過程と結果を評価することが示されている。「課題の設定」，「情報の収集」，「整理・分析」，「まとめ・表現」のプロセスは，一般的な探求学習のプロセスである。このプロセスを経ることで，情報リテラシー能力の育成を図っていくことが期待されている。この体系表を参考に地域や児童生徒の実態を踏まえて学校や自治体で独自の体系表を作成することも可能となっている。

（5）世界的な潮流

　学校教育を意識した情報リテラシーについては，2015年6月の「IFLA学校図書館ガイドライン第2版」[20] おいて，次のように説明されている。

　　情報にアクセスし，評価し，効果的に，責任をもって，意図的に利用するために必要なスキル，態度，知識のまとまりのことである。一般に，問題解決や意思決定をするために情報が必要なときを知り，その必要性を明確にし，情報を見つけて利用し，必要に応じて他の人と共有し，問題や意思決定に適用する能力が含まれる。"情報コンピテンシー"や"情報フルーエンシー"とも呼ばれる[21]

　同ガイドラインでは，2011年のユネスコ「教師のためのメディア・情報リテラシーカリキュラム（Media and Information Literacy Curriculum for Teachers)」という文書を参照し，情報リテラシーをメディア・情報リテラシーと表現している[22]。そのメディア・情報リテラシー（Media and information literacy)については次のように説明されている。

　　情報が伝達される様々なメディアや形式を理解するとともに，それらを介して伝達される情報を理解し，活用するために必要なスキル，態度，知識のまとまりのことである。"情報やメディアは，個人的，社会的，政治的，経済的な目的のために，人間によって作られたものであり，本質的に偏ったものである"などの概念を含む[23]

　上記のメディア・情報リテラシーに対する説明は，学校図書館の活用に限定されない IE-School で示されたようなより一般的な情報活用能力として捉えることができる。世界的に見れば，学校図書館により身につ

く情報活用能力はより一般的な情報活用能力の文脈で捉えられているのである。

（6）情報リテラシーと情報活用能力とを結び育成するために

　日本では，情報教育から出発した情報活用能力と学校図書館の利用能力から出発した情報リテラシーとを密接に結びつけて捉える意識はまだまだ低い。司書教諭は，「学校図書館ガイドライン」[24] で示された年間情報活用指導計画について体系表を参考に立案するとともに，学校図書館をも活用した情報活用能力の育成のための他教員への助言などを通じて結びつけ，統合的に捉えられるように努力していくことが求められている（第15章参照）。

学習課題

　学習指導要領において，各種情報メディアの利活用に言及している項目を確認し，まとめてみよう。

》》注記

1)　国の打ち出した教育の情報化のためのマニュアルとして1990年7月『情報教育に関する手引』，2002年6月『情報教育の実践と学校の情報化：新「情報教育に関する手引」』，2009年3月及び2010年10月『教育の情報化に関する手引』が刊行された。

2)　文部科学省．"小学校学習指導要領（平成29年告示）"．文部科学省．
https://www.mext.go.jp/content/1413522_001.pdf, p. 19（参照 2020-11-30）.
文部科学省．"中学校学習指導要領（平成29年告示）"．文部科学省．
https://www.mext.go.jp/content/1413522_002.pdf, p. 21（参照 2020-11-30）.
文部科学省．"高等学校学習指導要領（平成30年告示）"．文部科学省．
https://www.mext.go.jp/content/1384661_6_1_3.pdf, p. 20（参照 2020-11-30）.

3)　文部科学省．"新時代の学びを支える先端技術活用推進方策（最終まとめ）"．
文部科学省．2020-06-25.
https://www.mext.go.jp/component/a_menu/other/detail/__icsFiles/afieldfile/
2019/06/24/1418387_02.pdf,（参照 2020-11-30）.

4)　GIGA とは Global and Innovation Gateway for All の略称である．GIGA スクー
ル構想は，1人1台の情報端末と，高速大容量の通信ネットワークを一体的に
整備することで，特別な支援を必要とする子どもを含め，多様な子どもたち一
人ひとりに個別最適化され，資質・能力が一層確実に育成できる教育 ICT 環境
を実現することで，教師・児童生徒の力を最大限に引き出すこと目指している．

5)　文部科学省．"（事務連絡）令和2年度補正予算案への対応について（令和2
年4月7日）"．文部科学省．2020-04-07.
https://www.mext.go.jp/content/20200408-mxt_jogai02-000003278_412.pdf,（参
照 2020-11-30）.

6)　臨時教育審議会．"教育改革に関する第2次答申"．教育改革に関する答申：
臨時教育審議会第一次〜第四次（最終）答申．大蔵省印刷局編．大蔵省印刷
局，1988, p. 139-146.

7)　臨時教育審議会．"教育改革に関する第3次答申"．教育改革に関する答申：
臨時教育審議会第一次〜第四次（最終）答申．大蔵省印刷局編．大蔵省印刷
局，1988, p. 241-246.

8)　"情報化の進展に対応した教育環境の実現に向けて"．文部科学省．
https://www.mext.go.jp/b_menu/shingi/chousa/shotou/002/toushin/980801p.
htm,（参照 2020-11-30）.

9)　初等中等教育における教育の情報化に関する検討会．"初等中等教育の情報教
育に係る学習活動の具体的展開"．文部科学省．2006-08.
https://www.mext.go.jp/component/a_menu/education/detail/__icsFiles/afield-

file/2010/09/07/1296864_2.pdf，（参照 2020-11-30）.

10）　文部省．情報教育に関する手引．ぎょうせい，1990，230p

11）　文部科学省．情報教育の実践と学校の情報化：新「情報教育に関する手引」．
文部科学省，2002，176p

12）　文部科学省．“「教育の情報化に関する手引」について”．文部科学省．
https://www.mext.go.jp/a_menu/shotou/zyouhou/1259413.htm，（参照 2020-11-
30）.

13）　中央教育審議会．“幼稚園，小学校，中学校，高等学校及び特別支援学校の学
習指導要領等の改善及び必要な方策等について（答申）”．文部科学省．2016-12-
21.
https://www.mext.go.jp/b_menu/shingi/chukyo/chukyo0/toushin/__icsFiles/
afieldfile/2017/01/10/1380902_0.pdf，（参照 2020-11-30）.

14）　文部科学省．“教育の情報化に関する手引―追補版―（令和 2 年 6 月）”．文部
科学省．2020-06.
https://www.mext.go.jp/a_menu/shotou/zyouhou/detail/mext_00117.html，（参
照 2020-11-30）.

15）　文部科学省．“学校図書館：別添 1「学校図書館ガイドライン」”．文部科学省．
https://www.mext.go.jp/a_menu/shotou/dokusho/link/1380599.htm，（参照
2020-11-30）.

16）　図書館情報学用語辞典．日本図書館情報学会用語辞典編集委員会　編．第 5
版，丸善出版，2020.

17）　加賀栄治．図書館教育：如何に図書及び図書館利用法を指導すべきか―1―.
学校図書館．1951，(9)，p. 45-51.

18）　文部科学省．新しい時代に対応した学校図書館の施設・環境づくり：知と心
のメディアセンターとして．文教施設協会，2001，p. 24-25.

19）　全国学校図書館協議会．“情報資源を活用する学びの指導体系表”．全国学校
図書館協議会．2019-01-01.
https://www.j-sla.or.jp/pdfs/20190101manabinosidoutaikeihyou.pdf，（参照 2020-
11-30）.

20）　IFLA School Libraries Standing Committee et al., eds.　IFLA School Library
Guidelines, 2nd edition.　International Federation of Library Associations and

Institutions, 2015, 69p.

https://www.ifla.org/files/assets/school–libraries–resource–centers/publications/
ifla–school–library–guidelines.pdf, (accessed 2020–11–30).

21) IFLA School Libraries Standing Committee et al., eds. IFLA School Library
Guidelines, 2nd edition. International Federation of Library Associations and
Institutions, 2015, 69p.

https://www.ifla.org/files/assets/school–libraries–resource–centers/publications/
ifla–school–library–guidelines.pdf, p. 54. (accessed 2020–11–30).

22) IFLA School Libraries Standing Committee et al., eds. IFLA School Library
Guidelines, 2nd edition. International Federation of Library Associations and
Institutions, 2015, 69p.

https://www.ifla.org/files/assets/school–libraries–resource–centers/publications/
ifla–school–library–guidelines.pdf, p. 40–41. (accessed 2020–11–30).

23) IFLA School Libraries Standing Committee et al., eds. IFLA School Library
Guidelines, 2nd edition. International Federation of Library Associations and
Institutions, 2015, 69p.

https://www.ifla.org/files/assets/school–libraries–resource–centers/publications/
ifla–school–library–guidelines.pdf, p. 55. (accessed 2020–11–30).

24) 文部科学省. "学校図書館：別添 1 「学校図書館ガイドライン」". 文部科学省.
https://www.mext.go.jp/a_menu/shotou/dokusho/link/1380599.htm, (参照
2020–11–30).

12 情報モラル・情報セキュリティに関わる諸課題

田嶋知宏

《**目標＆ポイント**》 情報メディアを活用して得られた成果・新たな創作物の公表や発信を伴う活動に必須となる，情報モラルと情報セキュリティについて理解する。また，発達の段階に応じた情報モラル教育の必要性と情報セキュリティの内容や指導についても取り上げる。

《**キーワード**》 情報モラル，情報セキュリティ，フィルタリングソフト，家庭や地域との連携

1. 学校教育における情報モラル・情報セキュリティの位置付け

　情報モラルが，1980年代に臨時教育審議会『教育改革に関する第3次答申』で盛り込まれたことはすでに述べた（第11章参照）。この情報モラルという言葉は同答申において，情報の活用に際して被害者及び加害者になる可能性やコンピュータへの不正侵入，プライバシー侵害，著作権侵害などの問題に対する意識の低さを踏まえて，新しい倫理，道徳を示すための新たな造語として提示されたものである[1]。

　その後2008年から2009年にかけて告示された学習指導要領の総則において「情報モラルを身につけ」させることが明記されたことで学校教育全体に位置付けられることになった。そして，2017年から2018年にかけて告示された学習指導要領の総則において「児童（生徒）の発達の段階を考慮し，言語能力，情報活用能力（情報モラルを含む），問題発見・

232

解決能力等の学習の基盤となる資質・能力を育成していくことができるよう，各教科等の特質を生かし，教科等横断的な視点から教育課程の編成を図るものとする」[2]と明記されたことで，情報モラルは，学習の基盤となる情報活用能力に含まれるものとされた。

　情報モラルは「情報社会で適正な活動を行うための基になる考え方と態度」とされ，情報モラルの具体的な範囲として「他者への影響を考え，人権，知的財産権など自他の権利を尊重し情報社会での行動に責任をもつことや，犯罪被害を含む危険の回避など情報を正しく安全に利用できること，コンピュータなどの情報機器の使用による健康との関わりを理解することなど」[3]が例示されている。

　このように，情報モラルは，情報セキュリティとともに情報活用能力の一要素として位置付けられ，その修得は各教科の指導の中で目指すものとされている。つまり，各教科の特性を活かしつつ，教科等横断的な視点から，日々の授業の中に情報モラルや情報セキュリティに関わる要素を取り入れることで身につけさせていくことが望ましい。

　こうした位置付けを整理したものに，文部科学省委託事業「次世代の教育情報化推進事業『情報教育の推進等に関する調査研究』」（以下，IE-School）[4]における実践・研究を踏まえた情報活用能力がある。そこでは，情報モラル及び情報セキュリティを「知識及び技能」，「思考力，判断力，表現力」，「学びに向かう力，人間性等」のそれぞれに位置付けている。（表12-1）

　情報モラル・情報セキュリティは，情報活用能力を構成する一要素ではあるものの，情報活用能力を構成する他の要素とも全般的に深い結びつきがある。

表12-1　IE-School における情報モラル・情報セキュリティの位置付け[5]

		分類	
A. **知識及び技能**	1	情報と情報技術を適切に活用するための知識と技能	①情報技術に関する技能 ②情報と情報技術の特性の理解 ③記号の組合せ方の理解
	2	問題解決・探究における情報活用の方法の理解	①情報収集、整理、分析、表現、発信の理解 ②情報活用の計画や評価・改善のための理論や方法の理解
	3	情報モラル・情報セキュリティなどについての理解	①情報技術の役割・影響の理解 ②情報モラル・情報セキュリティの理解
B. **思考力、** **判断力、** **表現力等**		問題解決・探究における情報を活用する力（プログラミング的思考・情報モラル・情報セキュリティを含む）	事象を情報とその結び付きの視点から捉え、情報及び情報技術を適切かつ効果的に活用し、問題を発見・解決し、自分の考えを形成していく力 ①必要な情報を収集、整理、分析、表現する力 ②新たな意味や価値を創造する力 ③受け手の状況を踏まえて発信する力 ④自らの情報活用を評価・改善する力　　　　　　　　　　　等
C. **学びに向かう力、** **人間性等**	1	問題解決・探究における情報活用の態度	①多角的に情報を検討しようとする態度 ②試行錯誤し、計画や改善しようとする態度
	2	情報モラル・情報セキュリティなどについての態度	①責任をもって適切に情報を扱おうとする態度 ②情報社会に参画しようとする態度

2.　情報モラル教育・情報セキュリティ教育の内容

（1）モラルから情報モラルへ

　情報モラル教育は，そもそもどのような能力を育成するものだろうか。情報モラル教育を考えていく前に，そもそも一体モラルとは，どのようなものなのか考えておく必要があるだろう。

　一般にモラルとは，守るべき社会規範であり，ルールであるとされる。また，モラルは常にひとつではなく，異なる文化や社会背景の違いによって，異なるモラルが生み出され，時代によってもモラルは変化する。モラルは，単なる知識ではなく，人間の行為と結びつき実践されることで具現化し，意味をもつことになる。また，モラルは慣習的なものもあるが，なかには特定の法令によって規定されている場合もある。情

表12-2　情報モラル（情報セキュリティも含む）に関連する法令[6]

○刑法：法務省　※脅迫，名誉棄損　等
○プロバイダ責任制限法（特定電気通信役務提供者の損害賠償責任の制限及び
　発信者情報の開示に関する法律）：総務省
○出会い系サイト規制法（インターネット異性紹介事業を利用して児童を誘引
　する行為の規制等に関する法律）：警察庁
○児童買春・児童ポルノ禁止法（児童買春，児童ポルノに係る行為等の処罰及
　び児童の保護等に関する法律）：警察庁
○不正アクセス禁止法（不正アクセス行為の禁止等に関する法律）：経済産業
　省
○迷惑メール防止法（特定電子メールの送信の適正化等に関する法律）：総務
　省
○著作権法：文化庁
○特許法：特許庁
○電子契約法（電子消費者契約及び電子承諾通知に関する民法の特例に関する
　法律）：経済産業省
○特定商取引法（特定商取引に関する法律）：消費者庁
○リベンジポルノ防止法（私事性的画像記録の提供等による被害の防止に関す
　る法律）：警察庁
○青少年インターネット環境整備法（青少年が安全に安心してインターネット
　を利用できる環境の整備等に関する法律）
○個人情報保護に係る法令
○青少年健全育成条例　　　　　　　　　　　　　　　　　　　　　　等

出典：『教育の情報化に関する手引―追補版―（令和2年6月）』p. 49.

報モラルも同様に法令によって規定されている部分が存在する（表12-
2）。

　具体的に法令に規定された情報モラルについて確認してみよう。たと
えば，児童生徒が授業の過程でレポートや論文をまとめる際，他人の著
作物から文章や図などを引用しようとすれば，剽窃にならないようなモ
ラルをもつことが求められている。このモラルは，著作権法32条に規定

されており,「公正な慣行に合致する」形式で認められている(第8章,第13章参照)。

　また,インターネットのようなネットワーク空間は,姿が見えないことで,相手を意識しにくい状況が生まれやすい。インターネット上で,安易にいたずらのつもりで「○○の店に爆発物を仕掛けました」などと書き込むことは業務妨害罪(刑法233-234条)に問われることになる。このように情報モラルは,現実の世界及びネットワーク上の世界を問わず,情報に触れ,情報を活用しようとする際に求められる力となっている。

　こうした力である情報モラルは「情報社会で適正な活動を行うための基になる考え方と態度ととらえることができ,その内容としては,個人情報の保護,人権侵害,著作権等に対する対応,危険回避やネットワーク上のルール,マナーなど」[7]と幅広く捉えられている。

(2) 情報モラルと情報セキュリティ

　情報モラルは,児童生徒自身が情報社会で生きていく際に求められる考え方と態度であり,実際に他者へ悪影響を及ぼすことがないよう振る舞うことと言えよう。情報セキュリティについては,情報モラルをもたない者によってもたらされるさまざまな脅威から自らを守る知識や行動と捉えることができる。具体的な例で考えてみると情報モラルでは,他者の個人情報を盗み取り,インターネット上に書き込むなどして漏洩させないことが求められる一方で,情報セキュリティでは,自己の情報を他者に漏洩させないようにする行動が求められることになる。このように情報モラルと情報セキュリティは,同じ事象やその知識を別の側面から捉えたものということができよう。

（3）情報モラル教育の内容

　本章1節で言及したように，情報モラルは教科等横断的な視点に立った資質・能力の育成が求められている。そのため，学習指導要領を参照しても，情報モラルに直接言及する教科はそれほど多くはない（表12-3）[8]。

　具体的に学習指導要領で情報モラルに言及する箇所を確認すると，小学校では道徳，中学校では社会，技術・家庭，道徳，高等学校では地理歴史，公民，情報である。このほか，高等学校の専門学科の学習指導要領においても，農業「情報モラルとセキュリティ管理」，工業「情報モラル」「情報のセキュリティ管理」，商業「情報モラル」「情報セキュリティの確保と法規」，水産「情報セキュリティと情報モラル」のように各専門教科において言及が見られる[9]。同様に，特別支援学校高等部の学習指導要領においても，保健理療などの各科目で「情報モラル」を身に付けさせることへの言及が見られる[10]。

表12-3　学習指導要領における情報モラルへの主な言及

小学校学習指導要領（p. 171）道徳
「児童の発達の段階や特性等を考慮し，．．．内容との関連を踏まえつつ，情報モラルに関する指導を充実すること」
［中学校学習指導要領（p. 157）にも同様の記載］

中学校学習指導要領（p. 63-64）社会
「課題の追究や解決の見通しをもって生徒が主体的に情報手段を活用できるようにするとともに，情報モラルの指導にも留意すること」
［高等学校学習指導要領（p. 78）地理歴史（p. 90）公民にも同様記載］

中学校学習指導要領（p. 134）技術・家庭
「情報の表現，記録，計算，通信の特性等の原理・法則と，情報のデジタル化や処理の自動化，システム化，情報セキュリティ等に関わる基礎的な技術の仕組み及び情報モラルの必要性について理解すること」

高等学校学習指導要領（p. 190及びp. 195）情報
・知識及び技能「情報に関する法規や制度，情報セキュリティの重要性，情報
　社会における個人の責任及び情報モラルについて理解すること」
・思考力，判断力，表現力等「情報に関する法規や制度及びマナーの意義，情
　報社会において個人の果たす役割や責任，情報モラルなどについて，それら
　の背景を科学的に捉え，考察すること」
・「知的財産や個人情報の保護と活用をはじめ，科学的な理解に基づく情報モ
　ラルの育成を図ること」

　学習指導要領において情報モラル教育の具体的な内容は，高等学校の
情報で「情報に関する法規や制度及びマナーの意義，情報社会において
個人の果たす役割や責任」のような言及が見られる。しかし，小学校，
中学校では具体的な内容が示されていない。そこで参考になるのがIE-
School で示された学習内容である。IE-School では，情報活用能力育成
のための想定される学習内容のひとつとして情報モラル・情報セキュリ
ティを挙げており，「SNS，ブログ等，相互通信を伴う情報手段に関す
る知識及び技能を身に付けるものや情報を多角的・多面的に捉えたり，
複数の情報を基に自分の考えを深めたりするもの　等」[11] と具体的な学
習内容を例示している。そのうえでIE-School では獲得すべき能力につ
いて，学習内容を発達の段階等を踏まえたステップ1の小学校低学年の
段階をからステップ5の高等学校修了段階のような5段階（ステップ
1〜ステップ5）に整理し体系的に一覧表にまとめている[12]。
　同一覧表の情報モラルに関連する項目を確認してみると，「知識及び
技能」の「情報モラル・情報セキュリティの理解」では，ステップ1
「人の作った物を大切にすることや他者に伝えてはいけない情報がある
こと」→ ステップ2「自分の情報や他人の情報の大切さ」→ ステップ
3「情報に関する自分や他者の権利」→ ステップ4「情報に関する個

人の権利とその重要性」→ ステップ5「情報に関する個人の権利とその重要性 ≪ステップ4と同じ≫」やステップ3「通信ネットワーク上のルールやマナー」→ ステップ4「社会は互いにルール・法律を守ることによって成り立っていること」→ ステップ5「情報に関する法規や制度」のようになっている。情報モラルに関するすべての能力がステップ1から設定されているわけではなく，その内容に応じて扱うべき段階を位置付ける必要があることを示している。

なお，日本で取り組まれている情報モラル教育の内容に相当するものは，海外で「情報技術の利用における適切で責任ある行動規範」を示すデジタル・シティズンシップ（Digital Citizenship）という言葉で表現されることが一般的となっている[13]。日本と大きく異なる点は，「子どもたちが保有する情報機器がもたらす問題に対して，デジタル・シティズンシップは利用制限を課す方法では問題の解決につながらないという認識を前提」[14] としていることにある。

（4）情報セキュリティ教育の内容

情報セキュリティ教育は，本章2節2項で確認したように，情報モラル教育と表裏一体であるため，情報モラル教育と一体的に扱われることが多い。そのため，情報セキュリティ教育のみを特別に取り上げることはほぼ見られない。そうしたなかで，学校における情報セキュリティの指針となっている「教育情報セキュリティポリシーに関するガイドライン」において，児童生徒に情報端末を使用させる際に指導すべき点[15] として情報セキュリティ教育に関する内容を取り上げた例示（表12-4）がある。

これらの指導項目を確認すると情報の入った端末を含めた情報管理を厳格にすることや情報流出を招く可能性のある状況に直面した際に担任

表12-4　情報セキュリティ教育に関連する内容

〔児童生徒への指導事項の例〕
・モバイル端末やUSBメモリ等を，学校外に持ち出す場合は，担任の許可を得ること。
・学校では，承認されていない個人のパソコン，モバイル端末等を学校の情報システムに接続してはいけないこと。
・学校では，承認されていない個人のUSBメモリ等をパソコン，モバイル端末等に接続してはいけないこと。
・モバイル端末等のソフトウェアに関するセキュリティ機能の設定を，許可なく変更してはならないこと。
・モバイル端末が動かない，勝手に操作されている，いつもと異なる画面が出るといった症状がでた場合，すぐに担任に報告すること。
・自分のIDは，他人に利用させてはいけないこと。
　※共用でIDを利用している場合は，共用IDの利用者以外に利用させてはいけないこと。
・パスワードは他人に知られないようにすること。
・受信したメールについて，送り主やタイトルで不審をいだいたメールは，クリックする前に担任に報告すること。

　に相談するといった対処方法を示すにとどまっている。今後求められるのは，なぜそうする必要があるのかといった知識・理解のもとに適正な判断，行動を結びつけて指導していくことである。

3. 情報モラル教育・情報セキュリティ教育の充実に向けて

（1）情報モラル・情報セキュリティの指導教材

　文部科学省では，情報モラル教育・情報セキュリティ教育の充実を図るために，各種の教材を提供している[16]。例えば，児童生徒向けの情報

モラル教材として小学校5年生から高校生を念頭に「ちょっと待って！スマホ時代のキミたちへ〜スマホやネットばかりになっていない？〜」や小・中学生向けの情報セキュリティ教材として「インターネットにつなぐとき　守ってほしい，大切なこと」などがある。また「ネット依存」や「ネット被害」，「SNS等のトラブル」，「情報セキュリティ」，「適切なコミュニケーション」をテーマとする児童生徒向けの動画教材が，モデル指導案を含む教員向けの指導手引きとともに提供されている。こうした教材は，総務省の「インターネットトラブル事例集」[17]，独立行政法人情報処理推進機構の「＃今こそ考えよう情報モラル　情報セキュリティ」[18] による動画教材の提供のように，さまざまな組織から提供されている[19]。情報モラル教育・情報セキュリティ教育にあたっては，学校の情報環境や児童生徒の状況，取り上げる教科や場面などに照らして，適切な教材を準備することが求められる。そうした際に外部で提供されている教材に活用できそうなものがあれば，積極的に取り入れていきたい。

（2）家庭や地域を見据えた情報モラル教育・情報セキュリティ教育

　児童生徒は，家庭や地域でも生活しているわけであるが，学校のように隅々まで教育的配慮という名のもとの環境整備が行き届いているわけではない。家庭や地域といった学校外で児童生徒によるインターネットの利用機会が増加傾向であることを踏まえて，ネットワーク上の有害情報や違法行為を誘発する情報への対応について，家庭や地域と連携しながら取り組んでいくことが求められている。

　その対応方法のひとつとして，フィルタリングがある。フィルタリングは，ソフトウェアやサービスを利用することで，違法・有害情報サイトへのアクセスを制限することができるものである。経済産業省のウェ

ブサイト上には，フィルタリングに関連した情報コンテンツが用意されているので，参照しておきたい[20]。

　文部科学省の調査によれば，インターネットに接続している小学校，中学校，高等学校，特別支援学校の99.3％がフィルタリングソフトまたは，契約プロバイダが提供するフィルタイリングサービスを利用し，対応している[21]。家庭でのフィルタリング導入は学校に比べると少ない状況にある（第2章参照）。こうしたフィルタリングソフトやサービスの導入，そして大人の見守りによって児童生徒がその発達段階に照らして不適切とされる情報資源にアクセスしないように制御することが可能となる。これらは児童生徒らが安全安心にインターネットを使用するうえで不可欠なこととして考えられている。

　しかし，一方でインターネット上の情報にフィルタリングをかけることによって，情報を選択する判断能力を奪うといった指摘もある。有害情報をブロックした情報だけに慣れすぎてしまうと学校以外の場所において，インターネット上の玉石混合の情報，フェイクニュース，個人情報を盗むフィッシングサイトといった有害情報を自分で見抜く力を育成できないのではないかという観点からの指摘である。

　当然ながら社会に出れば，そのようなウェブサイトや情報を見極める力も必要となってくるためである。これらのウェブサイトや情報は，大人でもなかなか見分けが難しい。そのために，児童生徒の発達段階に応じた学びを継続的に行い，最終的には，自分で判断できるような力を早いうちから磨いていく指導もあわせて必要となってくる。そのために事実確認ができる情報なのか否かを見極める習慣をつけるべきである。情報の情報源はどこか，根拠は何なのか，検証する力が必要となってくる。正しい判断をしていくには，多くの情報源を見極める体験を発達段階に応じて行っていくことが大事である。時には間違った情報に触れさ

せ，その誤りに気づかせる体験も大切な機会となる。

　学校や教員が家庭や地域と，取り組んでいくために，児童生徒のインターネットの利用実態やその影響に関わる最新情報の入手に努め，それに基づいた適切な連携を図っていく必要がある。その際，司書教諭は，多様な情報資源を扱う専門的な知識をもつ者として，情報に対する根拠をもった判断ができるよう学校図書館を起点とした情報メディアの活用を通じて児童生徒を指導するとともに，家庭や地域に対して情報提供していくことも今，求められている。

学習課題

　情報モラルを扱うのに適した教科・単元を確認し，具体的にどのように取り上げるのかをまとめてみよう。

》》 注記

1）　臨時教育審議会．"教育改革に関する第3次答申"．教育改革に関する答申：臨時教育審議会第一次〜第四次（最終）答申．大蔵省印刷局編．大蔵省印刷局，1988，p. 241-246.

2）　文部科学省．"小学校学習指導要領（平成29年告示）"．文部科学省．https://www.mext.go.jp/content/1413522_001.pdf，p. 19（参照 2020-11-30）．文部科学省．"中学校学習指導要領（平成29年告示）"．文部科学省．https://www.mext.go.jp/content/1413522_002.pdf，p. 21（参照 2020-11-30）．文部科学省．"高学校学習指導要領（平成30年告示）"．文部科学省．

https://www.mext.go.jp/content/1384661_6_1_3.pdf，p. 20（参照 2020-11-30）．

3）　文部科学省『小学校学習指導要領（平成29年告示）解説：総則編』．文部科学省．2017，p. 86.
https://www.mext.go.jp/component/a_menu/education/micro_detail/__icsFiles/afieldfile/2019/03/18/1387017_001.pdf，（参照 2021-02-02）．

4）　文部科学省．"次世代の教育情報化推進事業「情報教育の推進等に関する調査研究」"．文部科学省．
https://www.mext.go.jp/a_menu/shotou/zyouhou/detail/1400796.htm，（参照 2020-02-24）．

5）　文部科学省．"学習の基盤となる資質・能力としての情報活用能力の育成：体系表例とカリキュラム・マネジメントモデルの活用"．文部科学省．
https://www.mext.go.jp/content/20201002-mxt_jogai01-100003163_1.pdf，（参照 2020-12-16）．

6）　文部科学省．"教育の情報化に関する手引―追補版―（令和 2 年 6 月）"．文部科学省．2020-06.
https://www.mext.go.jp/a_menu/shotou/zyouhou/detail/mext_00117.html，（参照 2020-11-30）．

7）　文部科学省．"教育の情報化に関する手引：検討案：第 5 章情報モラル教育"．文部科学省．
https://www.mext.go.jp/b_menu/shingi/chousa/shotou/056/shiryo/attach/1249674.htm，（参照 2020-12-09）．

8）　学習指導要領では「著作権」のような情報モラルと異なる表現で情報モラルに相当する内容に言及する記述もみられる。

9）　文部科学省．"高学校学習指導要領（平成30年 3 月告示）"．文部科学省，p. 202，245，330，340.
https://www.mext.go.jp/content/1384661_6_1_3.pdf，（参照 2020-11-30）．

10）　文部科学省．"特別支援学校高等部学習指導要領（平成31年 2 月告示）"．文部科学省，p. 81.
https://www.mext.go.jp/content/20200619-mxt_tokubetu01-100002983_1.pdf，（参照 2020-11-30）．

244

11)　文部科学省．"学習の基盤となる資質・能力としての情報活用能力の育成：体系表例とカリキュラム・マネジメントモデルの活用"．文部科学省．
https://www.mext.go.jp/content/20201002-mxt_jogai01-100003163_1.pdf，（参照 2020-12-16）．

12)　"【情報活用能力の体系表例（IE-School における指導計画を基にステップ別に整理したもの）】（令和元年度版）全体版：（ステップ５〜ステップ１）情報活用能力の体系表例全体版"．文部科学省．
https://www.mext.go.jp/content/20201014-mxt_jogai01-100003163_005.pdf，（参照 2021-02-15）．

13)　芳賀高洋．情報モラル教育からデジタル・シティズンシップ教育へ：情報モラル概説．メディア情報リテラシー研究．2020，1（2），p. 16-25．

14)　坂本旬，今度珠美．日本におけるデジタル・シティズンシップ教育の可能性．生涯学習とキャリアデザイン．2018，16(1)，p. 7．
http://cdgakkai.ws.hosei.ac.jp/wp/wp-content/uploads/2018/12/16-01-01.pdf，（参照 2021-02-16）．

15)　文部科学省．"教育情報セキュリティポリシーに関するガイドライン：令和元年12月版"．文部科学省．p. 52-53．
https://www.mext.go.jp/content/20200225-mxt_jogai02-100003157_001.pdf，（参照 2021-02-15）．

16)　文部科学省．"教育の情報化の推進：情報モラル教育の充実"．文部科学省．
https://www.mext.go.jp/a_menu/shotou/zyouhou/detail/1369617.htm，（参照 2021-02-20）．

17)　総務省　総合通信基盤局　消費者行政第一課．"インターネットトラブル事例集"．総務省．
https://www.soumu.go.jp/main_sosiki/joho_tsusin/kyouiku_joho-ka/jireishu.html，（参照 2020-12-16）．

18)　情報処理推進機構．"＃今こそ考えよう情報モラル　情報セキュリティ"．情報処理推進機構．
https://www.ipa.go.jp/security/keihatsu/imakoso/，（参照 2020-12-16）．

19)　たとえば，東京都では，情報教育ポータルサイトで情報モラル教育の事例を提供している．

東京都教育庁指導部指導企画課．"情報モラルの事例を探す"．とうきょうの情報教育．https://infoedu.metro.tokyo.lg.jp/，（参照 2021-02-20）.

20）　経済産業省．"違法・有害情報フィルタリングについて"．
https://www.meti.go.jp/policy/it_policy/policy/filtering.html，（参 照 2020-12-09）.

21）　文部科学省．"令和元年度学校における教育の情報化の実態等に関する調査結果（2020年3月）"．
https://www.mext.go.jp/a_menu/shotou/zyouhou/detail/1420641_00001.htm，（参照 2020-12-09）.

13 | 情報メディアの多様化に合わせた 著作物との関わり方

田嶋知宏

《**目標＆ポイント**》 著作物たる情報メディアを活用するためには，著作物に認められている権利である著作権を尊重しつつ行わなければならない。そのために，著作権を含めた知的財産権を概観したうえで，著作権の対象となる著作物，権利者としての著作権者，保護内容について確認する。
《**キーワード**》 知的財産権，著作権，著作物，クリエイティブ・コモンズ

1. 著作物としての情報メディアの活用に向けて

　私たちは，学校生活のみならず日常生活においても，自分以外の第三者の作成した著作物に情報メディアを介して日々接している。つまり，児童生徒も，教員も情報メディアを活用しようとすれば，必然的に著作物を活用することにほかならないのである。

　教育という営みは，著作物を活用することと不可分であった。人が何かを学ぼうとすれば，これまでに人類が築き上げてきた知的遺産としての著作物に頼ることになる。これは，教科書という著作物の例にもみられるように学校教育においても当てはまることである。

　また，日常生活においても SNS のリツィートに例示されるように，情報の電子化が進めば進むほど，自分以外の誰かが発信した情報を容易に取り込み，自ら発信できるようになっていくであろう。こうした環境では意識的か，無意識的かを問わず，著作物を使うことを避けて生きていくことはほぼ不可能といっても過言ではない。

　この著作物に付随する権利が著作権ということになる。よく，学校教育において「著作権を守らなければならない」，「著作権を侵害してはならない」と児童生徒に向けた注意喚起が行われている。

　だが，著作権という概念に対する適切な認識がなければ，児童生徒はアクティブラーニングによる学びで，レポートを作成する際にインターネット上に散在する情報をコピー・アンド・ペースト（コピペ）していくことをリツィートなどと同視してしまうかもしれない。つまり，コピー・アンド・ペーストは社会で広く行われていることで，自分がやっても良いことであると誤認してしまうことが懸念される。

　そうした誤認や勘違いを防ぐためにも，著作物がどういうもので，その著作物に認められる著作権という権利は誰に認められたどのような権利であるのかを児童生徒に対して，明確に示し，理解させなければならない。本章では，著作物に付随する権利である著作権を位置づける知的財産権制度を概観したうえで，対象となる著作物と，その著作物に認められる権利について著作権法を参照しつつ確認する。その後，著作物の概念を踏まえて，学校図書館を含めた学校教育において著作物の利用をしていく際の留意点を見ていく。

2.　著作物に対する権利

（1）知的財産権

　一般に土地や住宅，衣服，文房具に至るまで身の回りに存在するあらゆるモノ（有体物）に所有者がおり，その使用，収益，処分に対する排他的な権利（所有権）が認められている。世の中には，物体やメディアと分離して流通可能なものとして扱うことができない知的な創作物（無体物）がある。そのような創作物のなかには，一定の価値を見出される

ものもあり，モノのように使用，収益，処分できる。そこで，後述の関係法令の要件を満たす場合に創作物を知的財産と見なし，創作した者に所有者としての権利を認め，モノのように扱えるようにしている。

　知的財産には，「発明，考案，植物の新品種，意匠，著作物，商標，商号商品又は役務の表示，営業秘密にあたる技術上又は営業上の情報」（知的財産基本法2条）が含まれている。知的財産の保護を主眼とする知的財産権には，特許権，実用新案権，育成者権，意匠権，著作権，商標権，営業秘密等などが含まれ，特許法，実用新案法，種苗法，意匠法，著作権法，商標法，不正競争防止法といった，それぞれに対応する個別法が設けられている。

（2）著作物とは何か

　日本において著作権制度の対象となる著作物は「思想又は感情を創作的に表現したものであつて，文芸，学術，美術又は音楽の範囲に属するもの」（著作権法2条1項1号，以下著作権法の条数）と定義づけられている。つまり，日本では「思想」もしくは「感情」を「創作的に」表現したもので「文芸，学術，美術又は音楽の範囲に属するもの」であれば，著作権という権利の発生する著作物に該当し保護される。当然ながら，児童生徒が国語の授業で書いた作文や図工（美術）で描いた絵，総合的な学習の時間でまとめたレポート等は，前述の定義に当てはまる著作物として捉えることができる。

　他方，「思想」もしくは「感情」を「創作的に」表現したもので「文芸，学術，美術又は音楽の範囲に属するもの」でなければ著作権の権利が生じない情報として自由に利用できることを意味している。ただし，著作物として保護対象にならないものが，他の知的財産として権利保護される場合もあるため注意も必要である。

　著作権法10条では，「思想」もしくは「感情」を「創作的に」表現したものの具体例として，「おおむね次のとおり」と9つの著作物を挙げている（表13-1）。

表13-1　著作権法10条に示された著作物

一	小説，脚本，論文，講演その他の言語の著作物
二	音楽の著作物
三	舞踊又は無言劇の著作物
四	絵画，版画，彫刻その他の美術の著作物
五	建築の著作物
六	地図又は学術的な性質を有する図面，図表，模型その他の図形の著作物
七	映画の著作物
八	写真の著作物
九	プログラムの著作物

　この9つの例示以外にも，著作権者の権利保護対象となるものとして，創作性を有する編集著作物（11条），データベースの著作物（12条）が挙げられている。さらに，例示されていない著作物であっても，「思想」もしくは「感情」を「創作的に」表現したもので「文芸，学術，美術又は音楽の範囲に属するもの」に該当するものであれば，保護対象の著作物として扱われることになる。

　また，法令や通達，判決（13条）などは，著作権の権利が生じない著作物の例として挙げられている。この他にも，「思想」もしくは「感情」を「創作的に」表現したものではない，「東京の天気は，晴れで

す」のような単なる事実を示した短文，データ，記号は保護対象の著作物とはならない。

　こうした著作物に対する権利保護は，著作権法の規定に従ったものである。その著作権法は，日本も締結国となっているベルヌ条約（文学的及び美術的著作物の保護に関するベルヌ条約）や万国著作権条約，WIPO 著作権条約などの国際条約に基づくものであり，条約締結国間の著作物を相互に保護することが原則となっている。つまり，日本では日本以外の多くの国の著作物も保護されることになる。

（3）著作者とは誰か

　著者者を，ひと言で示せば「著作物を創作する者」（2条1項2号）ということになる。つまり，著作物を創作した者であれば，誰でも著作者である。著名な作品を書いた作家や画家，作詞や作曲を手掛けたアーティストとともに，作文やレポートを書いたり，絵を描いたりした児童生徒も立派な著作者なのである。それは，社会や学校において，誰もが著作物の利用者としてだけではなく，著作者となりうる立場であることを意味している。しかし，児童生徒を含めた多くの人びとは，著作物の創作者として意識をしたことはほとんどなかったかもしれない。多くの場合，著作物が経済的な利益を伴って利用されることが少ないため，権利をもつ著作者としての立場に気づかなかっただけなのである。

（4）著作者の権利とは

　著作権で保護する対象は，「思想」もしくは「感情」を創作的に表現したものであり，いわゆる内容・アイディアを保護するものではない。そのため，既存の著作物から着想を得て新たな著作物を創作した場合には，著作権の侵害とはされない[1]。

　著作物を創作した著作権者には，著作物の排他的かつ独占的な利用に関する権利が認められている。この権利は，申請や登録のような手続きをせずとも著作物創作と同時に自動的に付与される無方式主義が採られている。排他的かつ独占的な利用に関する権利には，著作者人格権と財産権（財産的利益の保護）としての著作権の２つの種類がある。著作者人格権は，著作者の人格的利益を保護するために，著作者が創作した著作物を無断で使用してはならない（公表権）こと，著作物に付随する著作者の氏名（名称）を著作者の意志に反して表示もしくは無表示にしてはならない（氏名表示権）こと，無断で書き変え（改変）してはならないこと（同一性保持権）を認めた権利である。著作者人格権は，著作者の一身に専属し，譲渡したり，相続したりすることができない（59条）。その保護期間は著作物創作の時から生存中となっているが死後も侵害を慎むことが求められている（60条）。

　もうひとつが，著作者の財産的な権利保護のために，複製権，上演権，演奏権，上映権，公衆送信権，口述権，展示権，頒布権，譲渡権，貸与権，翻訳権，編曲権，変形権，脚色権，映画化権，その他の翻案権，２次的著作物の利用権のような多様な権利（支分権）からなる財産権としての著作権である。その保護期間は創作の時から没後70年までを原則としている（51条〜54条）。この他に，関連する権利として，著作隣接権（89条〜104条），著作権の侵害とみなす行為（113条）などがある。

　財産権に該当する諸権利は，権利者である著作権者によって，その一部又は全部を譲渡したり（61条），利用許諾を認めたり（63条），相続など，その扱いを決めることができる。

3. 著作権者に対する権利制限

（1）著作権法の理念

　著作権という権利を意識しつつ，著作物を十分に活用していくために
は，著作権の理念を踏まえておく必要がある。社会が著作権という権利
保護をしていこうという理念は，「文化的所産の公正な利用に留意しつ
つ，著作者等の権利の保護を図り，もつて文化の発展に寄与することを
目的とする」（1条）という著作権法の目的に表れている。著作権法で
示された「文化的所産の公正な利用に留意しつつ」という部分は権利制
限として規定され，「著作者等の権利の保護を図り」という部分は著作
権者の権利として規定されている（表13-2）。つまり，著作者の権利保

表13-2　著作者の権利

複製権（21条）	無断で複製されない権利
上演権（22条）	無断で公衆に向けて上演（録画再生）されない権利
演奏権（22条）	無断で公衆に向けて演奏（録音再生）されない権利
上映権（22条の2）	無断で公衆に向けて上映されない権利
公衆送信権（23条）	無断で公衆に送信されない権利
口述権（24条）	無断で公衆に口述（朗読）されない権利
展示権（25条）	無断で公衆に原作品を展示されない権利
頒布権（26条）	映画の著作物の譲渡や貸与を対象として，無断で公衆に頒布されない権利
譲渡権（26条の2）	海賊版を無断で公衆に譲渡されない権利
貸与権（26条の3）	無断で公衆に著作物を貸与されない権利
翻訳権，翻案権等（27条）	無断で翻訳，編曲，変形，脚色，映画化，その他の翻案されない権利
二次的著作物の利用に関する原著作者の権利（28条）	二次的著作物に対する原著作物の著作者が二次的著作物の著作者と同一の種類の権利をもっている

護を図りながらも，著作権の制限（30条〜50条）を行うことで，新たな著作物を生み出すことにつなげ，文化の発展に寄与していくことを理想としているのである。

（2）学校という場における著作物の利用と著作権の制限

　教育において，著作物の存在が必要不可欠であることはすでに述べた。著作権法では円滑な学校教育活動の遂行のために，「学校その他の教育機関（営利を目的として設置されているものを除く。）において教育を担任する者及び授業を受ける者は，その授業の過程における使用に供することを目的とする場合には，必要と認められる限度において，公表された著作物を複製することができる」（35条1項）とし，著作権者の権利制限を行っている。具体的には，対面授業，リアルタイム型の配信授業，オンデマンド型の配信授業といった授業形態に合わせて，授業を行う教師と授業を受ける児童生徒が，授業内で活用する著作物を自身で複製し，授業参加者に配布したり，公衆送信したりすることができるようになっている。その補償として，学校等の教育機関設置者が補償金を支払うことになっている（35条2項）。なお，営利を目的としない学校教育であれば，無制限に複製が認められるわけではない。児童生徒が1人1部（ライセンス）購入し利用することを前提とするドリル，ワークブック，市販テスト，ソフトウェアなどの著作物については，著作権法の規定（35条1項）にかかわらず，権利制限規定の対象とはならない。

　探求的な学習の推進によって，他人の著作物を活用する場面が増えている。そうした際に意識することになるのが著作物の引用である（第8章参照）。著作権法において「引用は，公正な慣行に合致するものであり，かつ，報道，批評，研究その他の引用の目的上正当な範囲内で行なわれるものでなければならない」（32条）とされている。引用といえ

ば，文章を想起することが多いが，正当な範囲内であれば写真，画像，音声，動画，楽譜などの様々な著作物を引用することが可能である。公正な慣行については，例えば言語の著作物ならばカギカッコなどで引用文をくくるなどして，引用部分を明確にすること，自らの著作物を主，引用する著作物が従となる関係であることを満たすこと等が求められている。さらに，引用する場合には，著作者名を含めた引用した著作物の出所（出典）の明記も求められている（48条）。

（3）学校図書館という場における著作物の利用と著作権の制限

学校図書館は「図書，視覚聴覚教育の資料その他学校教育に必要な資料を収集し，整理し，及び保存し，これを児童又は生徒及び教員の利用に供する」（学校図書館法2条）役割が期待されてきた。ここでいう資料は，著作物に該当し，学校図書館において利用に供する方法には，閲覧，貸出，複写，上映，口述などがある。学校図書館が，著作物の貸出を行うことができるよりどころとなっているのは「公表された著作物（映画の著作物を除く。）は，営利を目的とせず，かつ，その複製物の貸与を受ける者から料金を受けない場合には，その複製物（映画の著作物において複製されている著作物にあつては，当該映画の著作物の複製物を除く。）の貸与により公衆に提供することができる」（38条4項）である。

学校図書館における著作物の複写に関しては，授業等の教育活動であれば「学校その他の教育機関における複製等」（35条1項）として行うことが認められている。

学校図書館は「児童又は生徒及び教員の利用に供する」目的で「読書会，研究会，鑑賞会，映写会，資料展示会等を行うこと」（学校図書館法4条3号）がある。その際，著作物を活用することになるが，「著作

物は，営利を目的とせず，かつ，聴衆又は観衆から料金を受けない場合には，公に上演し，演奏し，上映し，又は口述することができる」（38条1項）との規定を適用することになる。それを受けて著作権法35条1項に基づく，授業での資料活用ではなくとも，学校図書館は映画の上映や読み聞かせなどの口述といった活動を行うことが可能である。

　また学校図書館は，視覚障害のある児童・生徒に対する資料提供を行うために公表されている視覚による認識を必要とする著作物を「点字により複製すること」（37条1項），点訳データにして蓄積したり，公衆送信・送信可能化したりすること（37条2項），録音図書を製作したり，公衆送信・送信可能化したりすること（37条3項）が可能となっている。

　さらに聴覚障害のある児童・生徒に対して貸出を目的として，音声による認識を必要とする聴覚著作物の音声を文字にし，音声の複製と併せて行うこと（37条の2第2号）が可能となっている。これにより，学校図書館は，貸出を念頭において，音声入り映像・動画に字幕を挿入したものを作成することができるのである。ただし，そうした著作物が視聴覚障害者向けに広く提供されている場合には，認められていない。

（4）社会・家庭における著作権

　（1）及び（2）で確認したように，著作権法において，学校教育に対して著作権者の権利制限を一般社会よりも強力に行っている。学校という空間で認められていた著作物の複製・頒布と同様の行為は，そのまま社会で認められているわけではない。学校という場の特殊性に胡坐をかくことなく，児童生徒が社会で生きていく際に通ずる著作権の知識と意識を育んでいかなければならない。

・私的使用のための複製

　「著作物は，個人的に又は家庭内その他これに準ずる限られた範囲内において使用することを目的とするときは，その使用する者が複製することができる」（30条）と一定の条件の下で，複製することが認められている。一定の条件とは，著作物の使用者自らが複製をすること（その補助者も可），公衆が利用することを前提とした自動複製機器を使用しない，技術的保護手段（複製を防止する技術）を回避しない，国外からの自動公衆送信を著作権侵害と知りながら複製しないといった点である。これらの点を遵守することで私的使用のための複製が認められている。

・付随対象著作物の利用

　SNS などに投稿しようとして，画像や動画などを撮影した際に，対象とした被写体の背景などに別の著作物が写り込んだり，音声（音楽）が入り込んだりする例がみられる。そうした背後に入り込んでしまったもののうち，「対象とする事物又は音から分離することが困難であるため付随して対象となる事物又は音に係る他の著作物」を付随対象著作物と位置付け，新たな著作物の創作に伴う複製を認めている（30条の２）。

4. 著作物の円滑な流通と活用に向けた権利者の意思表示

　著作物を公表する者自身が当該著作物の扱いについて何らかの意思表示を示しておくことによって，著作物の利用の円滑化を図ろうとする試みがある。

視覚障碍その他の理由で活字のまま本書を利用できないひとのために，
営利を目的とする場合を除き「録音図書」「点字図書」「拡大写本」などの
製作を認めます。その際は，著作権者，または出版者までご連絡ください。

図13-1　EYE マーク[3]

（1）EYE マーク

　EYE マーク（図13-1）は，視覚障害のある人たちに向けた音訳（録
音図書）に対する著作権者の許諾を必要とする制約を少しでも容易にし
ようとする取り組みとして誕生した。1992年に EYE マーク・音声訳推
進協議会が結成され，EYE マークと許諾条件文を広める試みを行った。
すでに同協議会は解散しているものの，EYE マークを付けた出版物の
刊行は続いている[2]。EYE マークは，マークとともに，以下の例のよう
な許諾条件を記した文言を付記することができ，利用できる範囲や条件
を細かく指定することもできるようになっている。

（2）自由利用マーク

　2003年に文化庁が定めた著作者が一定の条件で著作物の自由利用を認
める意思を示すためのマークとして制定した。自由利用マークは，「プ
リントアウト・コピー・無料配布」OK マーク，「障害者のための非営
利目的利用」OK マーク，「学校教育のための非営利目的利用」OK マー
クの3種類ある（図13-2）。「プリントアウト・コピー・無料配布」OK
マークは，「プリントアウト」「コピー」「無料配布」のみを認めるもの
で，公衆送信は含まない。また，著作物の改変や部分利用なども認めら

コピーOK　　　　障害者OK　　　　学校教育OK

図13-2　　自由利用マーク[4]

れていない。「障害者のための非営利目的利用」OKマークは，障害者のみが利用することを認めるもので，改変，加工，部分利用なども認められている。「学校教育のための非営利目的利用」OKマークは，授業以外の部活動や教職員の研修会なども含む学校における諸活動での利用を認めるもので，改変，加工，部分利用なども認められている。

　しかし，対象となる許諾範囲が限定されていることもあり，自由利用マークの利用は極めて少ない状況にある。

（3）クリエイティブ・コモンズ・ライセンス

　著作物，そこに含まれた「知」を社会の共有物として活かしていこうという考え方がある。そうした動きのひとつが2001年にアメリカ合衆国で結成されたクリエイティブ・コモンズ（CC）というプロジェクト組織で取り組まれている，クリエイティブ・コモンズ・ライセンス（以下，CCライセンス）というマークを表示させることによって，著作物の利用と流通を図ろうとする活動である。日本では，2003年から活動が開始し，2004年3月に日本語版のクリエイティブ・コモンズ・ライセンスが発表された。

　CCライセンスには，作品のクレジットを求める「表示（BY）」，営利目的での使用をしないことを求める「非営利（NC）」，元の作品を改変（編集）しないことを求める「改変禁止（ND）」，継承（SA）をもとに

した二次的著作物については，元の作品と同じ組み合わせの CC ライセンスで公開することを求める「継承（SA）」の４つの条件を示すマークが存在する。

	表示 （BY）	作品のクレジット（著作権者名や作品タイトルなど）を表示することを求める
	非営利 （NC）	営利目的での利用をしないことを求める
	改変禁止 （ND）	元の作品を改変（編集）しないことを求める
	継承 （SA）	継承（SA）をもとにした二次的著作物については，元の作品と同じ組み合わせの CC ライセンスで公開することを求める

図13-3　４つの条件を示すマーク[5]

　この４つの条件を示すマークを組み合わせて６つの CC ライセンスが提供されている。

　今後，著作者の権利を尊重しつつ，情報メディアを上手に活用していくためには，児童生徒が著作者としての立場と著作物を利用する立場とどちらもなりうることを理解させることが重要となる。それには，児童生徒が自ら著作者の立場から，自らの著作物の扱いを考え，時に，権利侵害されることがどのようなことなのかを考えさせることも有効といえよう。

 表示	原作者のクレジット（氏名，作品タイトルなど）を表示することを主な条件とし，改変はもちろん，営利目的での二次利用も許可される。
 表示―継承	原作者のクレジット（氏名，作品タイトルなど）を表示し，改変した場合には元の作品と同じCCライセンス（このライセンス）で公開することを主な条件に，営利目的での二次利用も許可される。
 表示―改変禁止	原作者のクレジット（氏名，作品タイトルなど）を表示し，かつ元の作品を改変しないことを主な条件に，営利目的での利用（転載，コピー，共有）が行える。
 表示―非営利	原作者のクレジット（氏名，作品タイトルなど）を表示し，かつ非営利目的であることを主な条件に，改変したり再配布したりすることができる。
 表示―非営利―継承	原作者のクレジット（氏名，作品タイトルなど）を表示し，かつ非営利目的に限り，また改変を行った際には元の作品と同じ組み合わせのCCライセンスで公開することを主な条件に，改変したり再配布したりすることができる。
 表示―非営利―改変禁止	原作者のクレジット（氏名，作品タイトルなど）を表示し，かつ非営利目的であり，そして元の作品を改変しないことを主な条件に，作品を自由に再配布できる。

図13-4　6つのCCライセンス[6]

学習課題

　探求的な学習に取り組む児童生徒が，インターネット上のCCライセンスの表示―継承のマークがあるウェブサイトをそのままコピーしてレポートにまとめようとしています。司書教諭の立場から，どのように児童生徒に声をかければよいでしょうか。考えをまとめてみよう。

〉〉 **注記**

1)　著作権の侵害とはされないが，成果の盗用のような意味で，モラルを問われることになる。この点は，情報モラルを参照されたい。
2)　例えば，日本図書館協会の刊行物に付けられている。
3)　文化庁著作権課．"「自由利用マーク」について"．文部科学省．https://www.mext.go.jp/b_menu/shingi/bunka/gijiroku/010/03032818.pdf，（参照 2020-12-10）．
4)　文化庁．"自由利用マーク"．文化庁．https://www.bunka.go.jp/jiyuriyo/，（参照 2020-12-10）．
5)　"クリエイティブ・コモンズ・ライセンスとは"．クリエイティブ・コモンズ・ジャパン．https://creativecommons.jp/licenses/，（参照 2020-12-10）．
6)　"クリエイティブ・コモンズ・ライセンスとは"．クリエイティブ・コモンズ・ジャパン．https://creativecommons.jp/licenses/，（参照 2020-12-10）．

14 | 学校（学校図書館）で活用できる 教育用アプリ等

高鍬裕樹

《**目標&ポイント**》 教育に資するためのさまざまなアプリが開発されている。また，主たる目的としては教育に資するわけではなくとも，活用すれば教育に有効なアプリ等が存在する。そういったアプリやデバイスを紹介し，使い方を解説する。

《**キーワード**》 レスポンスアナライザ，Plickers，Blicker，バーコードクリッカー，ドキュメントスキャン，vFlat，F-Stop Media Gallery，マークシート，SQS，マークシート・タマ，QuickKey，GradeCam

----

1. はじめに

　この章で述べることは，学校図書館司書教諭講習としての「情報メディアの活用」からは若干距離があるかもしれない。しかし，ここで紹介するものも「情報メディア」であり，その活用という意味で，「情報メディアの活用」という内容に沿うものと信じる。と同時に，これらのデバイスを活用することで教育を効果的にすることは，世界的には広く行われている。日本においても，さまざまなデバイスを活用した教育活動が行われていくことを期待したい。

2. 教室でレスポンスアナライザを実現するさまざまな 方法

（1）レスポンスアナライザとは

　レスポンスアナライザは「聴衆応答システム」（Audience Response System：ARS）や「クリッカー」とも呼ばれるものである。一般的には，手のひらに乗る程度の大きさの端末に数個〜十数個のボタンが配置されており，教員の発問に対して受講生がボタンを押すことで回答するものである。例として TERADA. LENON のハンディ型クリッカー LENONpino を挙げておく（図14-1）。

　レスポンスアナライザを用いることには多くの利点がある。田島はその利点に関して「リアルタイムフィードバックによる授業改善，ディベートの活性化，授業にたいする学生の興味喚起，効果的な学習者間の共同的な学びの促進」といった有効性が報告されていることを指摘してい

図14-1　レスポンスアナライザの例（TERADA. LENON
　　　　　ハンディ型クリッカー LENONpino）

る[1]。また伊藤はレスポンスアナライザの利点を，「即時の集計を学生とともに確認できる事」，また「教育研究のための強力なデータ収集力にある」としている[2]。これらがレスポンスアナライザの利点であり，これを用いることで，教育にさまざまな選択肢が生じる。

（2）レスポンスアナライザ実現のための，環境のバリエーション

専用のレスポンスアナライザは高価であり，おいそれと導入できるものではない。しかしながら近年，GIGA スクール構想などもあり，学校内でさまざまな端末が使える可能性が高くなってきた。このような端末を工夫して活用すれば，レスポンスアナライザとしての運用が可能になる。

理想的には，児童生徒（受講生）全員が何らかの端末を持ち，そのすべてがインターネットに接続していて，授業内でそれらを活用できるのがよい。しかしながら学校の環境により，1人1台の端末を用意できない場合や，インターネットへの接続ができない場合もある。そういった場合にも，端末をレスポンスアナライザとして活用するための方法を示す。

レスポンスアナライザを実現できる環境として，考えられるのは以下である。

・端末を人数分用意でき，全端末がネット接続できる場合
・端末を教員用1台しか用意できないが，ネット接続できる場合
・端末は人数分あるが，ネット接続できない場合
・ネット接続できず端末も足りないが，機材を自分で選べる場合

それぞれの環境でのレスポンスアナライザ実現方法を，次項にて述べる。

（3）環境ごとのレスポンスアナライザ実現方法

a．端末を人数分用意でき，全端末がネット接続できる場合

　このような場合には，クラウドの投票サービスが活用できる。このようなサービスはさまざま存在し，たとえば Google フォーム[3]や Microsoft Forms[4]などが挙げられる。受講生は自分の端末でブラウザを立ち上げ，Google や Microsoft のアカウントでサインインしたうえで，投票サービスの URL にアクセスすればよい。これらのサービスではほとんどの場合，タブレット端末などでのアクセスにも対応しており，教員側で対応端末を意識する必要はない。

　この方法の欠点は，教員のみならず受講生も Google や Microsoft の（あるいはそれ以外の何らかのクラウドサービスの）アカウントを持ち，それを管理せねばならないことである。受講生にアカウントのない状態でこれらの投票サービスを使っても，誰が何を答えたのかわからず，また一人が複数回投票できてしまう。多くの場合アカウントは無料で作成できるので費用的な問題はないが，それぞれをパスワード管理するのは教員ではなく受講生となるため，パスワードを忘れたなどの理由でサインインできないことがありうる。教員には，そういった場合の対処も必要となる。

b．端末を教員用1台しか用意できないが，ネット接続できる場合：Plickers

　受講生側に端末を用意できない場合でも，端末がインターネットに接続できるのであれば，Plickers[5]が使える。Plickers は「paper」+「clicker」の意で，図14-2 に示す紙のカードを用いる。カードにはそれぞれ異なった形の図形が描かれており，その四辺にそれぞれA～Dのアルファベットが書かれている。これを受講生に持たせ，教員の発問に応

じてカードを挙げさせる。受講生は、た
とえばCと答えたいときには、Cのアル
ファベットが書かれている部分を上にし
て挙げる（図14-2の状態）。教員は、
Android™ または iOS 端末の Plickers ア
プリ（図14-3）のカメラで、これらの
カードをスキャンする。すると、各受講
生の回答結果が端末内に表示され、集計
結果も示される。ネット接続のある PC
とタブレット端末の２つを用意できるな
ら、PC をプロジェクタ等に接続すれ
ば、集計結果のグラフを即時に映写し、
受講生と共有することも可能である。

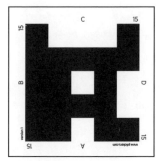

**図14-2　Plickers カード
　　　　の例**

　Plickers は最低１台の端末があれば容
易にレスポンスアナライザを構築できる
アプリであり、低コストかつ簡便であ
る。反面、最大で63名の受講生にしか対
応しておらず、また構造上複数回答
（A〜Dの選択肢からたとえばAとCを
選ぶ）を実現できない。63名までのクラ
スで、単一選択の設問のみを扱うのであ
れば有効である。

**図14-3　Plickers アプリ
　　　　（iOS 版）**

c．端末は人数分あるが、ネット接続で
　きない場合：Blicker

　インターネットへの接続ができない場合でも、Bluetooth の使える端

図14-4　Blicker 教員用ソフトウェア（Windows）

末が人数分あるならば，Blicker が使える。Blicker の受講生用アプリ（Blicker Beacon Poll for Student）は Windows，Android™，iOS アプリとして無料で公開されており，教員用アプリ（Blicker for Teacher）が Windows アプリとして有料で公開されている（図14-4）。

Blicker は，教員用端末と受講生用端末で Bluetooth が有効になっていれば使える。教員用端末と受講生用端末をペアリングしておく必要はなく，ただ Bluetooth が有効になっているだけで動く。図14-5 は Blicker の受講生用アプリの画面である。選択肢は 1 〜 4 の 4 択であ

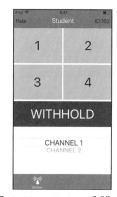

図14-5　Blicker 受講生用アプリ実行画面

り，複数選択はできない。教員は受講生に ID を割り当てることができ，受講生用アプリにその ID を入力することで，個人を識別できる。

　Blicker はインターネットや WiFi の接続がなくても，端末を通じて教員 PC へ受講生のレスポンスを送信できる簡便な方法である。受講生全員が端末を持ち，その端末にアプリをインストールできるなら，Blicker をレスポンスアナライザとして使える。

d．ネット接続できず端末も足りないが，機材を自分で選べる場合：バーコードクリッカー

　一般に教育用端末として認知されてはいないが，レスポンスアナライザとしての用途に有用な端末として，無線バーコードリーダーがある。一般的に，2.4GHz の電波を用いるものと Bluetooth で接続するものの 2 種類があり，どちらにも対応しているものも多い。このようなバーコードリーダーをレスポンスアナライザとして活用できるシステム（バーコードクリッカー）を，高鍬裕樹（大阪教育大学）が開発し公開している[6]。Microsoft Excel のマクロを用いたシステムであり，Excel のインストールされた WindowsPC で実行可能である。

　バーコードリーダーをレスポンスアナライザとして用いる方法は以下である。まず受講生を班に分けて，それぞれの班にひとつずつバーコードリーダーを渡す。各受講生に図14-6のようなカードを渡して，教員の発問に応じて選択肢のバーコードをスキャンするよう求める。このとき，ひとつの班は

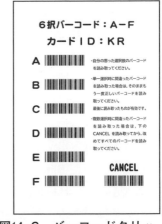

図14-6　バーコードクリッカー用バーコードカード

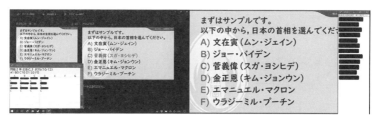

図14-7　バーコードクリッカー運用中画面

同じバーコードリーダーを用いるが，各受講生のレスポンスはカードの
ID により識別されるため，各個人は別々に回答できる。バーコードリ
ーダーから教員の PC に，スキャンされたバーコードの情報が送信され
るので，教員の PC でそれらを受信して集計する。教員用 PC はプロジ
ェクタに接続し，学生向けに映写する画面では図14-7の右側のように
問題表示スライドと入力済み受講生名を，教員向け画面では左側のよう
に学生からのレスポンスと次のスライドを，表示しておくとよい。

　バーコードクリッカーで選びうる選択肢は，A～Fの6択である。ひ
とつの発問に対してコードを複数回スキャンすることで複数回答も実現
できる。

　この方法の利点は，インターネットへの接続が必要なく，安価で，複
数回答も実現可能なことである。バーコードリーダーは電波を用いて直
接 PC と接続するため，ネットワークを介する必要がない。また一般的
にバーコードリーダーはタブレット端末に比べて安価であり，通常1台
あたり数千円である。そのように安価な端末を，1台あたり数人で用い
るので，必要なコストは大きく下がる。さらに，複数回答が可能なた
め，問題作成の自由度が高い。バーコードクリッカーにはこれらの利点
がある。

3. ドキュメントスキャンによる書類管理

（1）ドキュメントスキャンとは

　ドキュメントスキャンとは，カメラの映像や写真から書類を抽出し，斜め向きになっているものを正面向きに補正することである。カメラからの映像を用いてスキャナのような画像を入手できるものであり，このような操作を実現するアプリを「スキャンアプリ」または「スキャナアプリ」という。

　ドキュメントスキャンを行うことで，さまざまな紙の資料を電子化できる。印刷物で入手したチラシやパンフレットを電子化して PC 上で参照できるようにしたり，自分が紙に手書きしたメモなどを保存しておき，後日改めて見返したりできる。第6章で「情報カード」による情報管理について述べたが，何らかの情報を手書きしたカードをドキュメントスキャンにより画像にして保存しておくことで，カードが増えてきても問題なく持ち運べ，必要に応じて参照できる。

（2）ドキュメントスキャンのできるアプリ

　iOS 端末を使っている場合，ドキュメントスキャンは標準で実現可能である。iOS 端末で「ファイル」アプリを起動し，右上の三点メニュー（☺）をタップして，メニューから「書類をスキャン」（図14-8）を選べばよい。カメラが起動し，撮影の準備ができる。この方法でのスキャン（撮影）の場合，シャッターを押す必要はなく，書類にカメラを向けておけば，書類が認識されたタイミングで自動的に撮影される（手動撮影にもできる）。取り込まれた書類は PDF として保存されるので，必要に応じてほかの形式へ変換すればよい。

　iOS 端末や Android™ 端末用のスキャンアプリは数多く存在するの

で，選べる範囲で好きなものを選べばよい。オンラインストレージサービスのアプリである「OneDrive」や「Dropbox」なども，ドキュメントスキャンの機能を持っている。そのような中で，管見の限りでは，iOS・Android™ アプリ「vflat」が優秀である（図14-9）。vflat は，単に傾いたドキュメントの画像を補正できるだけでなく，冊子のかたちになっているものを開いたときに生じるページのゆがみまで補正し，正面からの画像のようにして保存できる。

図14-8　iOS「ファイル」
→「書類をスキャン」

　PC の場合，（株）メディアナビが「カメラでなんでもスキャン」を提供している[7]。また，ソースネクスト（株）が，「ピタリ四角6」を販売（開発は（株）ファンファーレ）している[8]。残念ながら，管見の限りでは，ほかには同種のソフトウェアが見当たらない。PC でのドキュメントスキャンは通常のスキャナを通じて行うのが一般的で，カメラを通じて行うものとはなっていないのかもしれない。

　なお，第7章で紹介した iOS・Android™ アプリ「Post-it® APP」は，スキャンアプリとしても使用可能である。Post-it® でカメラから抽出できるのは正方形の紙ばかりではなく，長方形の紙も画像として取り込める。取り込んだ後に ZIP アーカイブとしてそのボードをエクスポートすれば，取り込んだ書類を画像としてほかのアプリで使えるようになる。

図14-9　vFlat アプリと実行画面

（3）一緒に使うと便利な機能：画像のタグ管理

　上記のような方法で書類やメモ類を画像にしたものを保存・管理する際を含め，PC 内のファイルを管理するには，一般にフォルダ管理が行われる。すなわち，ファイルを保存しておく場所に階層構造（ツリー構造）を持たせ，適切なフォルダにファイルを保存することで，ファイルを見つけやすくする方法である。

　このようなフォルダ管理は有効ではあるが，複数のフォルダに同時に当てはまるファイルがあった場合，それをどちらに保存すればよいか悩むことになる。たとえば，運動会の予算に関するメモ画像があったとして，それを「運動会」フォルダに入れるか「予算」フォルダに入れるか困るような場合である。一方のフォルダに保存したファイルはもう一方のフォルダには保存されないので，しっかりしたルールを決めて保存場所を確定しなければ，必要なファイルを探すのに手間取ることになりかねない。

　このような場合，フォルダ管理に加えて，何らかのキーワードにより画像を抽出できると便利である。そのようなキーワードとして，画像形式によっては「タグ」を登録できるものがある（たとえば JPG がそうである）。画像にタグを登録しておくと，対応しているビューアを使えば，画像をそのタグによって抽出できる。タグはひとつの画像に複数登録できるので，ひとつの画像が複数のカテゴリーに属する場合でも，それらをすべて登録しておける。タグはフォルダ構造とは無関係なので，どのフォルダに保存したファイルでもタグで検索すれば表示できる。

　また，画像ビューアによっては，画像を複数の「アルバム」に入れることで同様の機能を実現しているものもある。以下に，タグやアルバムの使える画像ビューアを紹介する。

a．Windows エクスプローラ

　Windows でファイルを扱うときの標準機能であるエクスプローラが，タグによる画像管理に対応している。画像ファイルにタグを登録したいときには，画像ファイルを右クリックしてプロパティを呼び出し，「詳細」タブの「タグ」に必要な値を入力すればよい（図14-10）。タグはセミコロン（；）で区切って複数入力ができる。

図14-10　画像へのタグ登録

　何らかのタグが登録されている画像を検索したいときには，エクスプローラ右上にある検索ボックスを使う（図14-11）。この検索ボックスで「タグ：」に続けて検索したいタグを入力

274

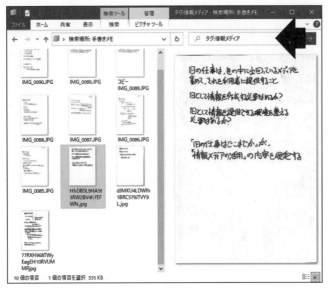

図14-11　タグを用いた検索

すれば，そのタグが登録されている画像が示される。エクスプローラの
プレビューウィンドウを使えば，シームレスに画像を表示できて便利で
ある。

　ただし Windows のエクスプローラでは，タグの一覧表示に対応して
いない。ファイルを指定して，それぞれのファイルに登録されたタグを
閲覧することはできる。しかし，一群の画像に含まれるすべてのタグを
一覧で表示できない。そのため，新しくタグをつけようと思ったとき，
すでにつけたタグを参照して同じものをつけるのが困難である。

b ．Android™ アプリ：F-Stop Media Gallery
　Android™ アプリでタグを扱えるものに，「F-Stop Media Gallery」（以

下 F-Stop）がある。無料アプリだが、広告が表示される。広告を非表示にするための F-Stop Key が有料（約5ドル）で提供されている。

　F-Stop の場合、単にタグを付与・検索できるのみならず、認識している画像に付与されているタグを抽出し、一覧として表示できる（図14-12）。タグを追加したい場合、画像を選択し、右上の三点メニューボタン（⋮）から「タグを編集」を選んで、上部の入力ボックスに追加したいタグを入力すればよい。このように F-Stop では、フォルダやファイル名だけでなく、タグでも画像を管理できる。

図14-12　F-Stop Media Gallery 画像のタグ編集画面

c．iOS アプリ：「写真」アプリ

　iOS 端末の「写真」アプリには、標準で「アルバム」機能が用意されている（図14-13）。アルバム機能は写真に付与されているタグを扱わないが、ひとつの写真を複数のアルバムに含められるので、iOS 端末の中だけで完結している限り、タグを付与するのと同じ機能を果たしている。

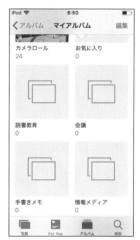

図14-13　iOS 端末写真アプリ　アルバム機能

4. マークシートによるデータ入力

　マークシートは，アンケートやテストを自動集計したいときに使う手法のひとつである。OMR（Optical Mark Recognition：光学マーク認識）とも呼ばれる。鉛筆やペンなどでマークを塗りつぶすことによって選択肢を選べるようになっており，高速な集計が可能である。

　このようなマークシートによる集計は，これまで専門の業者によって行われてきた。しかしデバイスの進歩によって，個人でもこのような集計が可能となっている。以下に方法を示す。

（1）スキャン画像からのマークシート集計：SQS

　まず述べるのは，SQS（Shared Questionnaire System）を用いる方法である。SQS は，久保裕也（千葉商科大学）が開発した，オープンソースによるアンケート集計システムである。Java 仮想マシン上で実行されるため，Java のインストールされている PC であれば OS を問わず実行できる。

　SQS のアンケート用紙は，一般的なプリンタで，普通紙に印刷してよい。読み取りも，もともとは ADF（Auto Document Feeder：自動原稿送り装置）スキャナの使用を想定したものであるが，アンケート用紙をある程度以上の品質の画像にできさえすれば，機材を問わない。クラウド等への登録は不要であり，ネットワークに接続していなくても実行できる。比較的制約が少なく実行できるマークシート処理である。

a．Java のインストールと SQS の起動

　SQS の実行には，Java 実行環境が必要である。現在，Java を実行できる環境はさまざまあり，自身の PC に Java 実行環境が含まれている

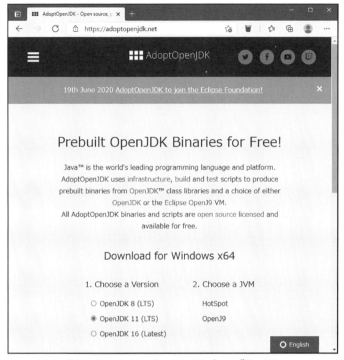

図14-14　AdoptOpenJDK ウェブサイト

ならば，それを用いるのもよい。ここでは AdoptOpenJDK を使う方法をとりあげる。

　AdoptOpenJDK の ウ ェ ブ サ イ ト[9]（図14-14）か ら，OpenJDK 11（LTS）を取得し，PC にインストールする。64ビット Windows 以外のOS の場合は，「Other Platforms」から適切なものを選べばよい。インストールを終えた後，SQS のウェブサイト[10]から，SQS SourceEditorと SQS MarkReader を，実行可能 jar ファイル形式でダウンロードする。ダウンロードしたファイル（図14-15）を実行すれば，SQS が起動

する。

b．アンケート用紙作成：
SourceEditor

　SQSでアンケートを集計するた
めには，まずSourceEditorを起動
し，SQS用のアンケート用紙を作
成する必要がある。SourceEditor
（図14-16）の上部に「印刷原稿PDF
表示」ボタンがあるので，必要に応

図14-15　SQS実行ファイル

じて印刷原稿を確認しながらアンケート用紙を作成するとよい。

　SQSで設定できる設問の種類は以下の4つである。
　・択一選択式設問
　・複数選択式設問

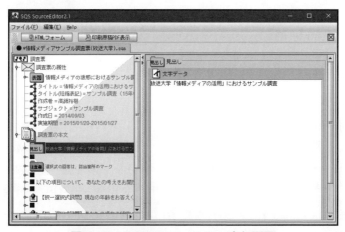

図14-16　SQS SourceEditor 実行画面

・自由記述欄

・設問グループ

できあがったアンケート用紙は，SourceEditorから「ファイル」→「書き出し」を実行することでPDFファイルとして出力する。このPDFファイルにはアンケートの集計に必要な情報が保存されており，集計時に再びこのファイルを参照することになる。

ｃ．アンケート集計：MarkReader

回収したアンケートを集計するにはMarkReaderを用いる。MarkReaderを用いるには，まず，紙で回収したアンケートをスキャンして画像ファイルにしなければならない。そのうえで，画像ファイルの保存されているフォルダに，SourceEditorで作成したPDFファイルをコピーする。これで準備は完了である。

集計を開始するには，MarkReaderを起動し，そのウィンドウに，画像ファイルとPDFファイルの保存されているフォルダをドラッグ＆ドロップ（図14-17）すればよい。MarkReaderは画像からマークシート

図14-17　SQS MarkReader 読み取り開始方法

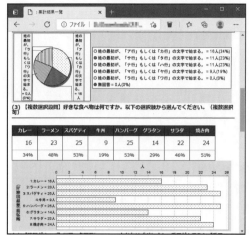

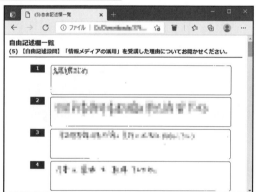

図14-18　SQS 集計結果画面例

を読み取って，その結果をスプレッドシート（csv および xlsx ファイル）に出力し，また集計結果を円グラフや棒グラフなどで作成する。自由記述欄については，画像ファイルを切り出し，一覧表示する（図14-18）。

SQS を使えば，このようにして，普通紙に印刷されたマークシート

を用いてのアンケートの集計ができる。

ｄ．SQS とドキュメントスキャン

　この SQS によるアンケート集計には，アンケート用紙を画像として取り込む必要がある。このような用途には，これまでは ADF スキャナを用いるのが通常であったが，現在では前項で述べたスキャンアプリが有効である。タブレット端末の「書類スキャン」などで取り込んだ画像でも，SQS は十分に機能する。特別なハードウェアを用意しなくてもよくなり，SQS の利便性はさらに増した。

（2）PC やスマホのカメラからのマークシート処理

　上記の方法では，マークシートの用紙を画像として PC などに取り込んでから，集計の作業を行う必要があった。現在では，より簡便な方法として，タブレット端末のカメラを用いることで，直接集計処理を行えるアプリが存在する。本項では，これらのアプリを紹介する。

　なお，ここで紹介するアプリはどれも，ネットワークへの接続が必須となっている。完全にオフラインでは機能しないので，その点には注意が必要である。

図14-19　iOS アプリ
　　　　マークシート・
　　　　タマ

ａ．マークシート・タマ

　iOS アプリ「マークシート・タマ」（図14-19）は，新学社の提供するアプリである。45問４択もしくは45問５択のマークシートが PDF で提供されており[11]，無料でダウンロードして使用できる。PDF ファ

イルを人数分印刷して配布し，マーク記入済みの用紙を回収したうえで，タブレット端末でアプリを立ち上げ，カメラで用紙を撮影すればよい（図14-20）。読み取り結果は Excel ファイルでメールに添付して送信され，PC 等で受信することで閲覧できる。

© SCP

図14-20 マークシート・タマ読み取り実行中画面

　マークシート・タマは，日本の学校で使うことを想定していてわかりやすい。またクラウドへの登録を必要とせず，撮影した画像を端末に残すこともないため，個人情報の保護に配慮している。しかしマークシート用紙は45問固定であり（とはいえ常に45問すべてを使わねばならないわけではない），1クラスも50人までであって，その範囲を超えた使用をしたい場合には対応できない。

b．QuickKey

　QuickKey[12]（図14-21）は海外のクラウドサービスであり，タブレット端末からは専用アプリを通じてアクセスする。現在のところ日本語対応はされておらずメッセージ等は英語で表示されるが，日本語を入力しても文字化けすることなく表示される。

　QuickKey で用いるマークシート用紙は，QuickKey のウェブサイトからダウンロードできる（登録が必要）。フリーで使える用紙

図14-21 iOSアプリ QuickKey

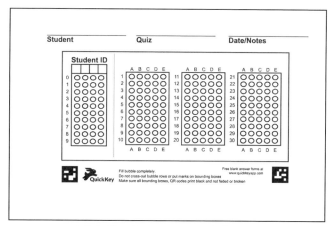

図14-22　QuickKey マークシート

は30問のものであり，選択肢はA～Eの5択である（図14-22）。受講生
ID（Student ID）を数字4桁でマークするようになっており，学校で児
童生徒に割り振っている学籍番号等が4桁以上である場合には，運用に
工夫が必要である。

　QuickKeyでは，マークシート読み取り前に準備として，アプリもし
くはクラウド上で「Quiz」を作成する必要がある。クイズには，問題
数と正解，配点を登録する。各問題には複数の正解を登録でき，それぞ
れ違った配点を登録できる。たとえば，ある問題に対して，正解を「A
とB」とし，両方マークした場合に2点，AのみもしくはBのみマーク
した場合には1点，といったかたちでの配点の登録ができる（AとBの
両方をマークした場合にのみ配点することもできる）。前もって正解と
配点を登録しておくことで，「受講生が何を答えたか」だけでなく，受
講生の正答率や得点を瞬時に計算でき，また問題ごとの正答率も把握で
きる。

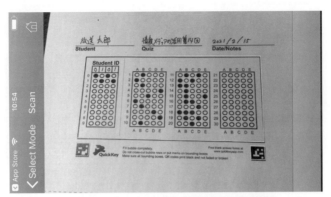

図14-23　QuickKey 読み取り実行中画面

　読み取り作業は簡単である。タブレット端末で QuickKey のアプリを起動し,「Scan A Quiz」をタップして, 画面にマークシート用紙が映るようにすればよい (図14-23)。適切に認識されれば, 認識結果が端末の画面に表示され, そのまま保存される。保存されれば, そのまま次のマークシート用紙の読み取りに移ればよい。このときボタン等を押す必要はない。

　QuickKey は有料のサービスである。無料版 (Free Teacher) でも試用はできるが, 集計できるマークシートの枚数が月あたり100枚に制限されるなどの制限があるので, 実使用するには有料プランの契約が必要であろう。2021年2月現在で価格はひと月あたり2.5ドルである。この価格に見合うと考えるならば, 契約するのもよい。契約すると, 集計できる枚数の制限がなくなり, 60問や100問のマークシート用紙を使えるようになる。

c. GradeCam

　GradeCam[13] (図14-24) も海外のクラウドサービスであり, タブレッ

ト端末からは専用アプリを通じてアクセス
する。QuickKey と同じく，現在のところ
日本語対応はされておらずメッセージ等は
英語で表示されるが，日本語を入力しても
文字化けすることなく表示される。

　GradeCam では，マークシートの用紙を
カスタマイズできる。上記のマークシー
ト・タマや QuickKey では，配布する用紙
は定型で，問題数や選択肢の数に合わせて
回答欄を変更はできなかった。GradeCam
では問題数や選択肢数（10種まで），選択
肢の種類（ABC…や123…など）をカスタ
マイズでき，用途に合わせたマークシート
用紙を作成できる。正解や配点
が登録でき，また複数の正解と
配点を登録できるのは Quick-
Key と同じである。受講生 ID
（Student ID）は最大10桁まで
増やすことができる。

　GradeCam も，読み取り作業
は QuickKey と同様である。ア
プリの側でスキャンモードにし
て，回収したマークシート用紙
を画面に映せばよい。適切に認

図14-24　iOS アプリ
GradeCam

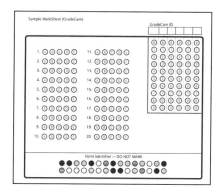

図14-25　GradeCam マークシート

識されれば，認識結果が表示され，保存される。ボタン等を押す必要は
なく，スキャンしたいアンケート用紙を順次画面に映してゆくだけで認

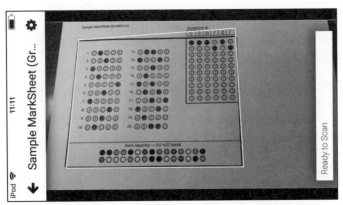

図14-26　GradeCam 読み取り実行中画面

識が行われる。

　GradeCam も有料のサービスである。無料版（Mobile Lite）では，マークシートの設問数が最大10問に限られ，また集計結果の Excel へのエクスポートもできない。やはり無料版は試用のためのものと考える必要があるだろう。有料版の場合，年額約 5 ドル（2021年 2 月現在）の Mobile Plus プランでは，最大設問数が50問に拡大し，また集計結果のエクスポートが可能になる。年額149ドルの Individual Teacher プランでは，最大設問数の制限はなくなり，また長期的な受講生集計（longitudinal student report）も可能となる。

学習課題

1．何らかの種類のレスポンスアナライザ（クリッカー）を使えるよう
　準備してみよう。
　※最も簡単なのは Plickers だと思います。もし対象となる児童生徒全
　　員が Microsoft アカウントや Google アカウントを持っており，学
　　校で児童生徒が自分の端末でインターネット接続できるなら，
　　Microsoft Forms や Google フォームが使えるかもしれません。
2．vFlat などのスキャナアプリをインストールし，書類をスキャンし
　てみよう。
3．何らかのマークシート認識アプリのマークシートをダウンロードし
　て数枚印刷し，マークに記入したうえで，マークシート認識アプリを
　タブレット端末等にインストールし，カメラでマークシートを読み取
　ってみよう。

》》注記

　以下の注記について，URL はすべて2021年3月24日に確認した。
1）　田島貴裕. クラウド型クリッカーの活用事例とその運用課題：スマートデバ
　　イスに対する大学生の意識の観点から. コンピュータ＆エデュケーション. 2015,
　　vol. 38, p. 62-67.
2）　伊藤圭一. クリッカーを使った教養教育に関する一考察. 豊橋創造大学短期
　　大学部研究紀要. 2017, no. 34, p. 17-25.
3）　"Google フォーム". https://docs.google.com/forms
4）　"Microsoft Forms—アンケート，投票，クイズ".
　　https://www.microsoft.com/ja-jp/microsoft-365/online-surveys-polls-quizzes

5) "Plickers" https://www.plickers.com/

6) バーコードクリッカー配布サイト. 大阪教育大学.
https://www.osaka-kyoiku.ac.jp/~takakuwa/BarcodeClicker/

7) "カメラでなんでもスキャン Pro— 製品概要". 株式会社メディアナビ.
https://www.medianavi.co.jp/product/scanpro/scanpro.html

8) "画像をまっすぐ補正「ピタリ四角6」". ソースネクスト.
https://www.sourcenext.com/product/pc/gra/pc_gra_003106/

9) "AdoptOpenJDK – Open souce and prebuilt OpenJDK binaries".
https://adoptopenjdk.net/

10) "Overview ja – Shared Questionaire System".
https://sqs2.net/projects/sqs/wiki/Overview_ja

11) "「マークシート・タマ」の使い方". 新学社.
http://www.sing.co.jp/school/el_mate/marksheet_tama.html

12) "QuickKey". Validated Learning Co. https://validatedlearning.co/

13) "Online Grader & Standards-Based Assessment Solutions-GradeCam".
GradeCam, LLC. https://gradecam.com/#

＊図14-4〜5，10〜11はマイクロソフトの許諾を得て使用しています。

15 | 学校図書館を念頭においた情報メディアの活用に向けて

田嶋知宏

《目標＆ポイント》 情報メディアを取り巻く環境の変化を踏まえつつ，司書教諭の立場から，学校図書館を念頭においた情報メディアの活用に向けて，どのような取り組みをしていく必要があるのかを検討する。その際，教職員や地域との連携を視野に入れた情報メディアを活用するための計画策定の必要性についても言及する。
《キーワード》 学校図書館，司書教諭，情報メディアの活用計画，連携

1. 情報メディアを取り巻く環境の変化

　情報技術やそれに伴う情報メディアの変化について，日々の変化は気づかぬほどに小さいが長期にわたって振り返ると大きな変化となって感じられることがある。同様に，情報メディアの変化は学校教育を担う教員の教授法の工夫や見直しといった日々の小さな変化につながり，やがて学び方に大きな変化をもたらすことになる。

　現在，インターネット上の情報コンテンツは日々アップデート（更新）され，内容が固定化され安定的に維持されるものではなくなっている。また，情報コンテンツは，リンクで結ばれることで，コンテンツ同士に複雑な文脈を生み出したり，その全体もしくは一部がコピーされ伝播し続けたりすることも安定的な維持を乱す要因となっている。アップデートは，情報コンテンツを内包するアプリやソフトウェアにも及んでいる。情報コンテンツやコンテンツを提供する情報メディアは絶えず変

化しているし，今後も変化していくことになる。

その中の一部の情報は，電子媒体や紙媒体の図書などとなって情報が
パッケージ化されることで，固定化され，後から参照しやすくなるもの
もある。しかし，絶えざるアップデートにさらされる情報コンテンツ
は，次々生み出され，ブラックホールのような全体像を把握しきれない
ネットワーク情報資源に吸い込まれていく。

このように増加し続けるインターネット上の情報資源の大半は無秩序
に発信された情報コンテンツである。誰もがネットワーク情報資源の全
体像を的確に把握できないであろう。できることは，AI などを活用し
たキュレーション機能やレコメンド機能の結果として表示された情報コ
ンテンツを鵜呑みにするか，検索エンジンを用いて，ブラックホールの
ようなネットワーク情報資源の世界から一定の情報コンテンツをすくい
取ることなど限られている。情報過多となれば，情報に触れることをあ
えて避けようとする動きも出てくる。こうした状況が児童生徒の日常生
活に浸透していくなかで学校図書館とそこを起点とした情報メディアを
使いこなしていくために何を目指すべきであろうか。本書を振り返りつ
つ，その方策を見出していってほしい。

2. 情報メディアの活用の観点から司書教諭に求められ る知見

（1）メディア環境の変化を踏まえつつ，司書教諭に求められる知見

学校は，児童生徒の将来を見据えて学ぶ仕組み（場）と位置付けられ
ている。学校も含めた教育という営みには，情報メディアが不可分の存
在となってきたことを最初に確認した（第 1 章）。そして，児童生徒が
日常的に多様な情報メディアを活用していること，そこで触れる情報メ

ディアと学校で触れる情報メディアとに差が生じていることと，学校図書館が理想とする情報メディアと現状とに差が生じている課題を確認した（第2章）。

　現在，社会が大きく変化しつつあり，将来を見通すことは容易でない。学習指導要領の改訂に向けた議論の中でも将来に向けた見通しは，予測困難な時代を迎えると指摘された。具体的には，「知識・情報・技術をめぐる変化の早さが加速度的となり，情報化やグローバル化といった社会的変化が，人間の予測を超えて進展するようになってきていること」[1] であり，特に「情報通信の基盤とその活用」（第3章）で言及したような点を司書教諭は理解しておく必要がある。

　また，予測困難な時代に対応するためのひとつの方法として児童生徒は主体的に学びに向き合うことが求められている。それを象徴する「『主体的・対話的な学び』の充実に向けては，読書活動のみならず，子供たちが学びを深めるために必要な資料（統計資料や新聞，画像や動画等も含む）の選択や情報の収集，教員の授業づくりや教材準備等を支える学校図書館の役割に期待が高まっている」[2] 状況にある。

　そうした期待に沿うためには，学校図書館を念頭におきつつ，学びの内容や情報メディアの特性を踏まえた情報の選択や収集（第4章・第5章），情報メディアを通して収集した情報やコンテンツの管理（第6章），得られた情報に基づき考えるための発想法（第7章），得られた情報が著作物として捉えられる場合に，その適切な活用（第8章・第13章），得られた情報に基づく新たな情報発信に向けた技法（第9章・第10章・第14章）などを司書教諭が理解しておかなければならない。

（2）児童生徒が主体となる学びに求められる学校図書館と司書教諭
　これまで学校図書館は図書を収集し，蔵書として管理し，ストックし

（ため）ておく機能をもつ存在として強くイメージされてきた。現在でもこのイメージは，一定程度共有されている。そのイメージは，学校図書館の役割を端的に伝え，共有するのに役立つブランドとなっていると言ってよい。しかし，確立されたブランドイメージは，変化すべき学校図書館の情報メディア環境を阻害する要因ともなりかねない。現在，着実に進みゆく情報メディアの多様化は，情報コンテンツの更新や変化の在り方を根本的に変化させている。これまでのブランドイメージに基づく，単なる蔵書のストックでは，情報コンテンツの更新や変化に対応することができず，一部の情報メディアにしか対応していない学校図書館となってしまう。学校図書館が多様な情報メディアに対応していく必要があることはすでに確認したように不可避のことである。

　司書教諭の立場からすれば，目指すべき方向性と現実との間に生じた大きなギャップに戸惑いを覚えることもあるかもしれない。だが，そこは発想の転換をすることが求められている。無理にすべての情報メディアを学校図書館に揃えておく必要はないのである。ネットワーク情報資源は，GIGAスクール構想により1人1台配備されることになった端末を介してアクセスしたり，模型等は特別教室に置かれているものを活用したりすることも考えられる。司書教諭は学校内に散在する多様な情報資源を結びつけるコーディネーター的な存在としての役割を担うことで一定程度ギャップを解消していくことができる。

　これからの社会は情報メディアの種類を問わず，既存の知識と新たな情報を組み合わせたり，新たな情報同士を組み合わせたりして，新しい価値を生み出していくことが求められている。そのため，学校図書館を起点として，学校内外の多様な情報メディアにアクセスし，アップデートし続ける情報コンテンツに触れる際に，目的を意識しつつ，何の情報をどのように調べるのかを児童生徒自身に自覚的に意識させることが大

切となる。児童生徒にこうした意識をもたせたうえで，その中から学びの課題―ひいては自身の人生に妥当と思われる情報を選択し，自身に取り込み組み合わせながら，知識変容・行動変容したり，他者に向けて表現したりするなど何らかのかたちで活用させていくことを視野に入れておきたい。ここで重要となるのが，何らかの根拠をもって何が「妥当か」を判断する力である。

　情報を選択する際に司書教諭が果たす役割のひとつとして，無秩序に発信された情報コンテンツをカリキュラムの目的に即して一定の秩序を与えて提供することである。秩序を与えることによって，見つかりにくい情報コンテンツを的確に探し出せるよう支援していくことにつながる。具体的には，単元の学習内容に合わせたウェブサイトなどのリンク集を作成したり，リンク集と図書のような伝統的な学校図書館の情報メディアを組み合わせ，使い方を案内するパスファインダーを作成したりすることが考えられる。

　また，司書教諭は，児童生徒に対して「急速に情報化が進展する社会の中で，情報や情報手段を主体的に選択し活用していくために必要な情報活用能力…などを，各学校段階を通じて体系的に育んでいくこと」[3]が求められている（第11章・第12章）。それに対して，司書教諭は情報メディアの活用にあたって「正しい情報の選択をするようにしましょう」などと単純に指導するのではなく，情報発信者の裏側にある意識的か，無意識的かにかかわらず，発信の意図を意識しつつ，妥当な情報を選択していく必要があることを児童生徒へ指導していかなければならない。

　司書教諭による指導を実質化していくために，司書教諭自身の情報メディアの活用力を高めていく必要がある。具体的には，情報メディアに情報がどのように記録され，どのように伝達され，どのように維持・管

理されているのかを意識することにより，情報の位置付けや意味合いを理解しつつ，それを有効に活用していく方法論を司書教諭自身が身につけ，実践できるようになっていくことである。

3. 情報メディアを活用させるための計画

（1）情報メディアと諸要素を結びつける見取り図としての計画

　学校図書館とそこで扱われる情報メディアがこれまで活用されてこなかった背景のひとつには，学校図書館が対象とする情報メディアと各教科の学びの内容との結びつきが，学習指導要領においてさまざまな表現で言及（第4章）されていたこともあり，授業担当者である教諭に十分に理解されていなかったことがある。つまり，どの教科のどの単元で，どのような情報メディアが活用できるのかを具体的にイメージすることができる環境が整えられてこなかったことを意味している。

　司書教諭は，学校図書館を意識した情報メディアの活用を促していくことが期待されている。そのために，カリキュラムマネジメントを念頭におきながら，学校内外に存在する情報メディアと各教科の学びの内容などのさまざまな要素とを結びつけ，整理したうえで全体の見取り図として示すことが司書教諭に求められている。その見取り図となるのが，情報メディアを活用させるための計画である。もし，学校図書館運営計画や情報活用能力育成計画などの情報メディアの活用に関連する計画がすでに存在しているのであれば，その計画同士を結びつけることも意図したい。

　なお，司書教諭がこうした計画の立案に関わることについては，「これからの学校図書館担当職員に求められる役割・職務及びその資質能力の向上方策等について（報告）」のなかでも「司書教諭は，…学校図書

館の経営に関する総括，学校経営方針・計画等に基づいた学校図書館を
活用した教育活動の企画・実施，年間読書指導計画・年間情報活用指導
計画の立案等に従事する」[4]と明示されていることから積極的に取り組
んでいくことが求められている。

（2）計画策定の手順

　情報メディアの活用に向けた計画策定は，一般的に以下の手順で行わ
れる。

①現状把握

　学校図書館を念頭においた情報メディアの活用に向けた計画は，教育
目標や学習指導要領などに照らして，情報メディアの活用に対する現状
把握や学校図書館に関連する諸計画の中に記載された情報メディアの活
用に関する内容の把握を行うことから開始する。

②目標設定

　把握した現状などを踏まえて，情報メディアの活用に向けた目標設定
を行う。

③計画立案

　目標を具現化するための計画を立案する。すでに他の学校図書館や情
報活用能力に関する計画が存在している場合には，その計画に追記する
方法をとる可能性を検討する。

④計画実行

　計画に基づき，情報メディアの活用を推進する。

⑤評価

　計画に照らして，目標の達成状況，未達成状況の確認をするととも
に，その要因分析も行う。

⑥改善

　評価によって明らかになった課題や未達成の目標を踏まえて，改善策を検討し，取りまとめる。

　取りまとめたのち，「③計画立案」に再び戻り，新たな計画としてその内容を反映させる。この一連の流れを繰り返すことで，PDCAサイクルのようなマネジメントサイクルを展開していくことになる。

（3）計画に盛り込むべき要素

　情報メディアの活用に向けた計画に盛り込むべき要素は，さまざま考えられる。ここでは，情報メディアの活用に際して，計画に盛り込むべき要素を確認しておく。

①目標

　計画には，情報メディアの活用に関して，目指すべき理想的な状態を示すために目標を盛り込む必要がある。

②計画に関わる人と集団・組織

　計画に含める人や集団組織人や集団・組織には「チーム学校」[5]としての捉え方を踏まえつつ，学校内外のステークホルダーを幅広く含めることが望ましい（表15-1）。その中心は教員，学校司書を含む専門スタッフのほか，保護者も含めた地域住民である。このほか，司書や学芸員など学校外の専門スタッフがいる公共図書館や博物館なども連携協力先として計画に含めてもよいであろう。これらの計画に関わる人や集団・組織は，主体的に計画を遂行する者と計画の対象者として働きかけられる者とに分けて捉え計画に反映させることになる。なお，司書教諭は，教員としての側面，専門スタッフとしての双方を併せもつ存在として捉

えられることも確認しておきたい。

表15-1　計画に関わる人と集団組織

学校内	学校外
：児童生徒 ：教職員 ：司書教諭 ：学校司書	・地域 　：保護者 　：地域住民 ・公共図書館や博物館 　：司書 　：学芸員 ・行政（教育委員会）

③情報メディアや情報コンテンツ

　どのような情報メディア（モノを含む）や情報コンテンツを活用していくのか計画に盛り込む必要がある。

④学びの内容（いつ，どのような学習場面かを含む）

　情報メディアを活用する学年，教科，学習単元，学習形態，活用場面などの計画の対象者と情報メディアを具体的に結びつける機会を明示する必要がある。

⑤活用方法

　計画の対象者と結びつけられた情報メディアを具体的にどのように活用していくのかについて，その方法を盛り込む必要がある。

4. 司書教諭のこれからに求められるもの

（1）今後を見据えたキーワードとしての情報メディアの本質

　司書教諭が，新たに登場した情報メディアを学校図書館活動に取り込んだうえで，学びの在り方に対応しながら，情報メディアを活用していくための手がかりを，情報メディアの特徴である「伝える」・「つながり」・「変容」という3つの視点から確認しておく。

①伝える

　情報メディアは，情報コンテンツを伝える本質的な機能をもっている。また，情報メディアの種類によって伝播速度が異なったり，伝播範囲が異なったりするなど伝わり方に違いが存在する。その情報メディアに内包された情報コンテンツは，児童生徒をはじめとする人間が解釈し，受容することで初めて伝わったことになる。つまり，情報メディアは，あくまで情報コンテンツを伝える入れモノにすぎないのである。そのため，情報コンテンツの内容を示す漢字やひらがな，アルファベット，数字のような記号と記号の集合である言葉のほか，画像，動画などが示す意味を読み解く基礎的な力が備わっていなければ理解することができないのである。そして，情報コンテンツの表現は，情報メディアを使って何を伝えようとしているのか，なぜ伝えようとしているのか，誰に伝えようとしているのかといった点の違いによって，専門用語が使用されたり，一部が省略されたりする。その「伝える」ことの不一致が誤読や誤解を生み出す原因ともなっている。つまり，情報メディアは，あくまで情報を伝える手段のひとつにすぎないのである。この点は，新たな情報メディアが登場しても変わらない点である。

②つながり

　明治初期には，教員と児童生徒が結びつき，掛図や教科書という情報メディアを媒介して知識を伝えるという形式の教育活動が行われていた。この過程で教員と児童生徒は情報メディアによって結びつき，つながりをもったのである。その後の情報技術の発展は，教員と児童生徒の結びつきにとどまらず，多様な人と社会とメディアと児童生徒とのつながりを広げていくことに寄与してきた。つながりが広まることで，容易に情報を得ることができるようになった。インターネットで四六時中コミュニケーションを図ることが可能となり，一見つながりも強化されたような感覚に陥ることもある。その一方で，複雑化したつながりは，時にインターネット上のいじめや著作権侵害などの問題を引き起こす可能性をもっている。今後登場してくることになる新たな情報メディアに直面した際に，人と人をつなげていく存在であることを再度意識し，その利点とそこから生じる課題を冷静に捉え対処していくことが求められている。

③変容

　情報メディアにより，伝えられる情報コンテンツは，人と人のつながりをもたらすことにとどまらない。情報メディアは，児童生徒に情報をもたらし，知識変容や行動変容させていく力が本質的に備わっている。情報メディアを上手に使うことができれば，新たな知識を身につけ，自立した人間として振る舞うことが可能になり，行動変容をもたらすことができる。しかし，情報メディアがもたらす変容は必ずしも教員の立場からみて適切なものばかりになるとは限らない。誤って，有害情報を鵜呑みにし，知識変容がさせられたり，インターネットへの過度な依存・中毒により行動が変容させられたりして，日常生活に支障を及ぼすような児童生徒が出てくる可能性もある。そのため，適切な変容をもたらし

てくれるような情報メディアとの付き合い方を教えていくことが求められている。

（2）児童生徒とともに学び続ける司書教諭を目指して

　これまでの歴史を振り返っても新たな情報メディアが登場し続けてきた（第1章）。その多くは，既存の情報メディアと別の仕組みを組み合わせたり，情報メディア同士を組み合わせたりして，新たな情報メディアとしてきたのである。今後，インターネットへ容易に接続できる環境が整えば，得られる情報量が増加することはあっても，減少することはあり得ない。そうしたなかで，新たな情報メディアが次々と考案・開発されていくことになるだろう。もちろん，新たな情報メディアが登場したとしても「伝える」内容である情報コンテンツと合っていなければ選択されず，やがて使われなくなるだけである。

　司書教諭は，新たな情報メディアに対応するために，常に情報メディアのもつ「伝える」力や情報メディアがもたらす「つながり」を学校教育全体に照らして見据えつつ，その活用の可能性を探っていく必要がある。

　司書教諭は，その役割を意識しつつ，児童生徒とともに自らも学び続けていくことで，目指すべき姿へと「変容」していくことが求められている。

>> **学習課題**

　これまでの学習を踏まえて，司書教諭として取り組んでみたいことを
まとめてみよう。

>> **注記**

1)　中央教育審議会．"幼稚園，小学校，中学校，高等学校及び特別支援学校の学
習指導要領等の改善及び必要な方策等について（答申）"．文部科学省．2016-12-
21．
https://www.mext.go.jp/b_menu/shingi/chukyo/chukyo0/toushin/__icsFiles/
afieldfile/2017/01/10/1380902_0.pdf，（参照　2021-02-15）．

2)　同上

3)　同上

4)　学校図書館担当職員の役割及びその資質の向上に関する調査研究協力者会
議．"これからの学校図書館担当職員に求められる役割・職務及びその資質能力
の向上方策等について（報告）"．文部科学省．2014-03．
https://www.mext.go.jp/component/b_menu/shingi/toushin/__icsFiles/afield-
file/2014/04/01/1346119_2.pdf，（参照　2021-02-15）．

5)　中央教育審議会．"チームとしての学校の在り方と今後の改善方策について
（答申）"．文部科学省．2015-12-21．
https://www.mext.go.jp/b_menu/shingi/chukyo/chukyo0/toushin/__icsFiles/
afieldfile/2016/02/05/1365657_00.pdf，（参照　2021-02-16）．

302

参考文献

【学校図書館】

・野口武悟編. 学校図書館基本資料集. 改訂版, 全国学校図書館協議会, 2020, 237p., ISBN 9784793301018.

・坂田仰, 河内祥子編. 学校図書館への招待. 第2版, 八千代出版, 2020, 232p., ISBN 9784842917757.

・堀川照代編. 「学校図書館ガイドライン」活用ハンドブック：解説編. 悠光堂, 2018, 151p., ISBN 9784909348098.

・堀川照代編. 「学校図書館ガイドライン」活用ハンドブック：実践編. 悠光堂, 2019, 178p., ISBN 9784909348104.

・全国学校図書館協議会監修. 司書教諭・学校司書のための学校図書館必携：理論と実践. 新訂版, 悠光堂, 2021, 292p., ISBN 9784909348333.

【資料・辞典類】

・日本図書館情報学会用語辞典編集委員会編. 図書館情報学用語辞典. 第5版, 丸善出版, 2020, 304p., ISBN 9784621305348.

・電通メディアイノベーションラボ編. 情報メディア白書 2021. ダイヤモンド社, 2021, 274p., ISBN 9784478112717.

【情報メディア】

・佐賀啓男編. 視聴覚メディアと教育. 改訂版, 樹村房, 2010, 184p., ISBN 9784883671915.

・松原伸一. 人間性に回帰する情報メディア教育の新展開：人工知能と人間知能の連携のために. 2020, 128p., (開隆堂情報教育ライブラリー)., ISBN 9784304021732.

・深井裕二. 情報技術と情報管理：IT社会の理解と判断のための教科書. コロナ社, 2020, 256p., ISBN 9784339029109.

【情報モラル・情報セキュリティ】

・情報処理推進機構編. 情報セキュリティ読本：IT時代の危機管理入門. 五訂版, 実教出版, 2018, 137p., ISBN 9784407347753.

【著作権】

・中山信弘. 著作権法. 第3版, 有斐閣, 2020, 851p., ISBN 9784641243330.
・作花文雄. 著作権法. 改訂版, 放送大学教育振興会, 2019, 322p., ISBN 9784595319129.
・小倉秀夫, 金井重彦. 著作権法コンメンタール：1. 改訂版, 第一法規, 2020, 634p., ISBN 9784474065802.
・小倉秀夫, 金井重彦. 著作権法コンメンタール：2. 改訂版, 第一法規, 2020, 758p., ISBN 9784474065819.
・小倉秀夫, 金井重彦. 著作権法コンメンタール：2. 改訂版, 第一法規, 2020, 752p., ISBN 9784474065826.

【発想法】

・川喜田二郎. 発想法：創造性開発のために. 中央公論社, 1967, 202p., （中公新書）.
・川喜田二郎. 続　発想法：KJ法の展開と応用. 中央公論社, 1970, 316p., （中公新書）.
・川喜田二郎. KJ法：渾沌をして語らしめる. 中央公論社, 1986, 581p., ISBN 4120015173.
・ブザン, トニー／ブザン, バリー. ザ・マインドマップ：脳の無限の可能性を引き出す技術. 近田美季子訳. 新版. ダイヤモンド社, 2013, 277p., ISBN 9784478017166.
・関田一彦, 山﨑めぐみ, 上田誠司. 授業に生かすマインドマップ：アクティブラーニングを深めるパワフルツール. ナカニシヤ出版, 2016, 103p., ISBN 9784779510182.

【論文・レポートの書き方】
・梅棹忠夫. 知的生産の技術. 岩波書店, 1969, 218p., （岩波新書）.
・澤田昭夫. 論文の書き方. 講談社, 1977, （講談社学術文庫 153）, ISBN 4061581538.
・戸田山和久. 論文の教室：レポートから卒論まで. 新版. NHK出版, 2012, 313p., （NHKブックス, 1194）, ISBN 9784140911945.

【PCを用いた論文・レポート執筆】
・佐藤竜一. エンジニアのためのWord再入門講座：美しくメンテナンス性の高い開発ドキュメントの作り方. 新版. 翔泳社, 2020, viii, 239p., ISBN 9784798164243.
・相澤裕介. 論文・レポート作成に使うWord 2019活用法：スタイル活用テクニックと数式ツールの使い方. カットシステム, 2019, ix, 228p., （先輩が教える series 33）, ISBN 9784877834647.

【読書手帳】
・杉本直美. 読書生活をひらく「読書ノート」. 全国学校図書館協議会, 2013, 53p., （はじめよう学校図書館. 7）, ISBN 9784793322877.

【動画制作】
・オンサイト. AviUtl動画編集実践ガイドブック：これ1冊で本格的な実況動画が作れる！. 技術評論社, 2018, 191p., ISBN 9784774196251.
・AviUtlの易しい使い方 https://aviutl.info/. （参照 2021-07-20）.
・AviUtl簡単使い方入門｜すんなりわかる動画編集 https://aviutl-douga.com/. （参照 2021-07-20）.
・熊本学園大学e-キャンパスセンター "OBS Studioを利用した動画の録画・配信". 熊本学園大学. https://www.ecc.kumagaku.ac.jp/technology_information/video/obs. （参照 2021-07-20）.

クレジット

Google，Google ドキュメント，Google Keep，Google 翻訳，およびその他のマークは
Google LLC の商標です。

Screen shot(s) reprinted with permission from Apple Inc.

索引

●配列は五十音順。

編著者紹介

田嶋　知宏（たじま・ちひろ）

・執筆章→1・2・4・11〜13・15

1980年	埼玉県に生まれる
2003年	横浜市立大学国際文化学部卒業
2005年	筑波大学大学院図書館情報メディア研究科博士前期課程修了
現在	常磐大学人間科学部准教授
専攻	図書館情報学　アーカイブズ学
主な著書	『学校経営と学校図書館』（共著）学文社
	『学校図書館への招待』（共著）八千代出版
	『情報資源組織演習』（共編著）ミネルヴァ書房　ほか

高鍬　裕樹（たかくわ・ひろき）

・執筆章→3・5〜10・14

1973年	京都市に生まれる
1997年	京都大学教育学部卒業
2002年	京都大学大学院教育学研究科博士後期課程退学（教育学修士）
	2002年より，大阪教育大学講師，准教授
現在	大阪教育大学教育協働学科総合教育系准教授
専攻	図書館情報学
主な著書	『図書館・インターネット・知的自由：アメリカ公立図書館の思想と実践』（共著）京都大学図書館情報学研究会発行，日本図書館協会発売
	『デジタル情報資源の検索』（単著）京都大学図書館情報学研究会発行，日本図書館協会発売
	高鍬裕樹『学生のための文献・引用情報管理法：文献・引用情報データベース「DiSCUS」を使う』（単著）大阪教育大学人間科学講座
	『情報メディアの活用』3訂版（共著）放送大学教育振興会ほか

放送大学教材　1291971-1-2211（テレビ）

新訂　情報メディアの活用

発　行　　2022年6月20日　第1刷
著　者　　高鍬裕樹・田嶋知宏
発行所　　一般財団法人　放送大学教育振興会
　　　　　〒105-0001　東京都港区虎ノ門1-14-1　郵政福祉琴平ビル
　　　　　電話　03（3502）2750

市販用は放送大学教材と同じ内容です。定価はカバーに表示してあります。
落丁本・乱丁本はお取り替えいたします。

Printed in Japan　ISBN978-4-595-32360-7　C1300